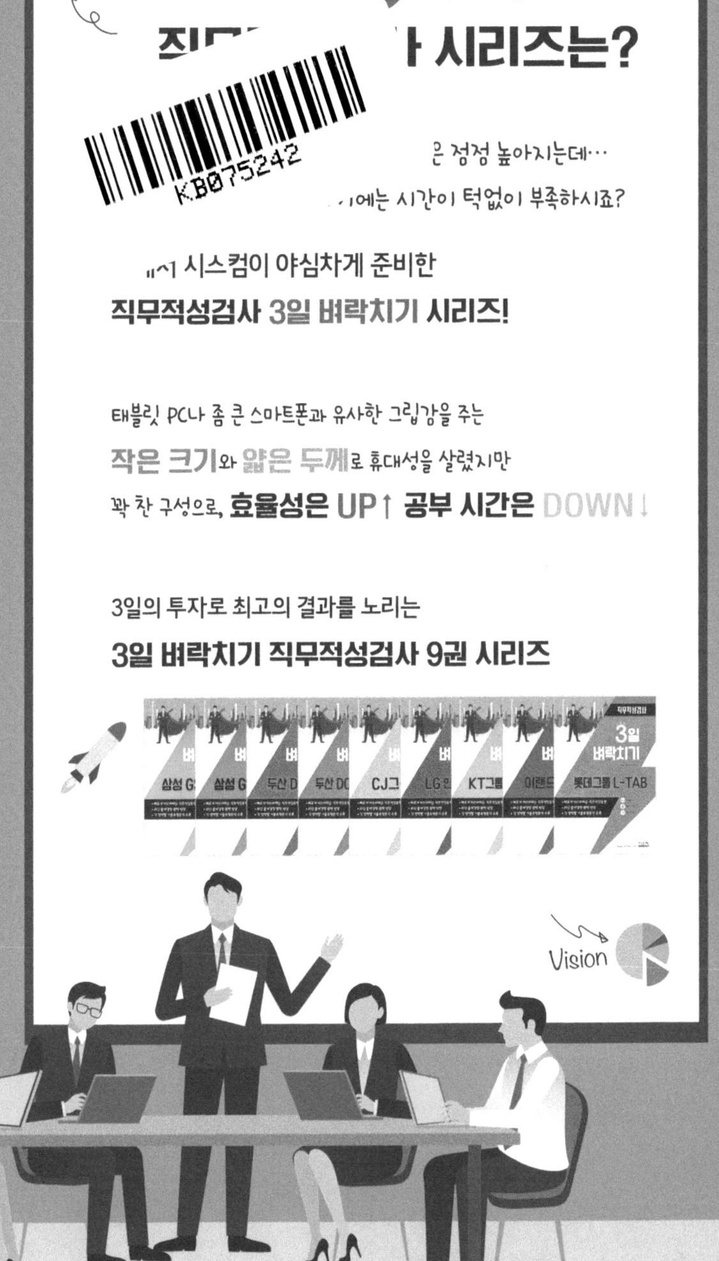
idea
3일 벼락치기
시리즈는?
은 점점 높아지는데…
에는 시간이 턱없이 부족하시죠?
시스컴이 야심차게 준비한
직무적성검사 3일 벼락치기 시리즈!
태블릿 PC나 좀 큰 스마트폰과 유사한 그립감을 주는
작은 크기와 얇은 두께로 휴대성을 살렸지만
꽉 찬 구성으로, 효율성은 UP↑ 공부 시간은 DOWN↓
3일의 투자로 최고의 결과를 노리는
3일 벼락치기 직무적성검사 9권 시리즈
직무적성검사
3일
벼락치기
롯데그룹 L-TAB
KT그룹
Vision

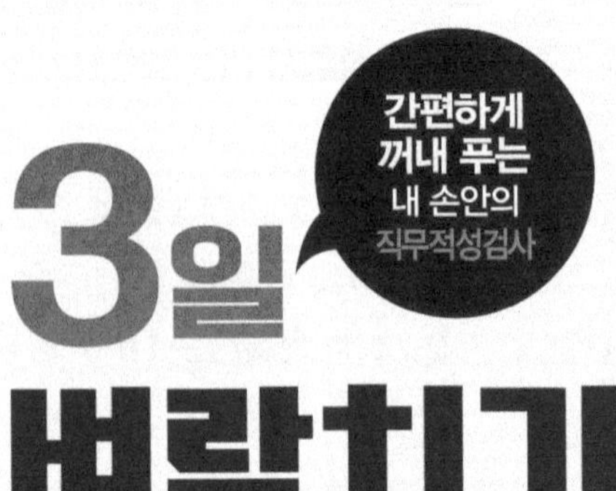

직무적성검사

삼성 GSAT(통합형)

LG 인적성검사

롯데그룹 L-TAB

CJ그룹 CAT

시스컴 SISCOM www.siscom.co.kr

직무적성검사

3일 벼락치기

타임 적성검사연구소

삼성 GSAT 4·5급
(전문대졸·고졸용)

3일 벼락치기

삼성 GSAT 4 · 5급 (전문대졸 · 고졸용)

인쇄일 2023년 11월 10일 2판 2쇄 인쇄
발행일 2023년 11월 15일 2판 2쇄 발행
등 록 제17-269호
판 권 시스컴2023

발행처 시스컴 출판사
발행인 송인식
지은이 타임 적성검사연구소

ISBN 979-11-6215-527-1 13320
정 가 10,000원

주소 서울시 금천구 가산디지털1로 225, 514호(가산포휴) | 홈페이지 www.nadoogong.com
E-mail siscombooks@naver.com | 전화 02)866-9311 | Fax 02)866-9312

발간 이후 발견된 정오 사항은 나두공(시스컴) 홈페이지 도서 정오표에서 알려드립니다(홈페이지→자격증→도서정오표).

취업과정에 적성검사가 도입된 지도 제법 많은 시간이 흘렀습니다. 그동안 적성검사에도 많은 부침이 있어서, 일부 기업은 폐지하기도 하고 일부 기업은 유형을 변경하기도 하였습니다. 쟁쟁한 대기업들이 적성검사 유형을 대폭 변경하면서 다른 기업들에도 그 여파가 미칠 것으로 여겨지고 있습니다.

적성검사는 창의력 · 상황대처능력 · 문제해결능력 등 업무수행에 필요한 능력을 측정하기 위해 실시되며, 기업별 인재상에 따라 여러 유형으로 치러집니다. 여기에 일부 기업들이 주기적으로 문제유형을 변경함으로써 수험생들의 혼란을 가중시키고 있습니다.

본서에서는 각 기업에서 공식적으로 발표한 문제유형을 기반으로 삼았으며, 실제로 적성검사를 치른 응시생들의 후기를 충실히 반영하여 올해 치러질 실제 적성검사에 가장 근접한 문제를 제공하고자 하였습니다.

본서가 취업준비생들의 성공적인 취업에 조금이나마 보탬이 되었으면 하는 바입니다.

타임 적성검사연구소

DAY	PART	CHECK BOX		TIME
		complete	incomplete	
1DAY	언어능력검사			시간 분
2DAY	수리능력검사			시간 분
	추리능력검사			시간 분
3DAY	지각능력검사			시간 분
	영어능력검사			시간 분

1DAY

언어능력검사

우리가 일상적으로 사용하고 있는 단어 및 문장에 대한 이해도의 정확성 및 유창성 등을 평가한다. 유의어 · 반의어를 고르는 문제, 단어의 상관관계 파악, 어휘력, 무작위로 배열된 문장 바르게 배열하기, 장문 독해 등을 통해 측정한다.

2DAY

수리능력검사

기초 수준의 수리 능력을 평가하는 영역으로 비교적 간단한 수식을 세워 해결할 수 있다. 사칙연산의 혼합계산, 기본적인 수준의 단위를 이용하여 A와 B의 크기를 비교하는 등의 문제들로 구성된다. 또한 기초계산, 수식 비교 등의 문제와 앞의 내용보다 조금 더 복잡한 계산을 필요로 하거나 소금물의 농도, 속도, 자료해석 등을 계산하는 응용계산의 영역으로 구성되었다.

추리능력검사

사물을 신속하고 정확하게 식별할 수 있는 능력을 평가한다. 상식 수준의 과학 추리, 숫자와 문자로 이루어진 숫자 · 문자 추리 영역, 몇 가지 조건을 제시하고 그에 알맞은 대답을 찾는 영역, 도형 추리 영역 등으로 이루어진다.

3DAY

지각능력검사

사물을 신속하고 정확하게 식별할 수 있는 능력을 평가하는 영역으로 크게 공간력과 지각력으로 나뉜다. 문자, 숫자, 도형의 비교 및 같은 그림 찾기, 블록 세기, 그림 재배열 등의 문제들로 구성된다.

영어능력검사

업무에 자주 쓰이는 영어단어, 문자, 장소와 상황에 따른 실용 영어를 통해 기본적인 영어 능력을 평가한다. 뜻에 알맞은 단어를 고르거나 유의어 및 반의어를 고르는 문제, 단어를 추리하는 문제 등으로 구성된다.

구성과 특징

기출유형분석

주요 기출문제의 유형을 분석하여 이에 가장 가까운 문제를 상세한 해설과 함께 수록하였다.

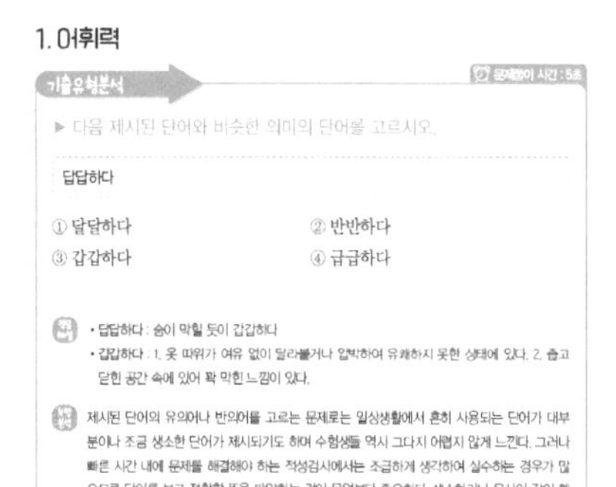

1. 어휘력

기출유형분석 | 문제풀이 시간 : 5초

▶ 다음 제시된 단어와 비슷한 의미의 단어를 고르시오.

답답하다

① 달달하다 ② 반반하다
③ 갑갑하다 ④ 급급하다

- 답답하다 : 숨이 막힐 듯이 갑갑하다
- 갑갑하다 : 1. 옷 따위가 여유 없이 달라붙거나 압박하여 유쾌하지 못한 상태에 있다. 2. 좁고 닫힌 공간 속에 있어 꽉 막힌 느낌이 있다.

제시된 단어의 유의어나 반의어를 고르는 문제로는 일상생활에서 흔히 사용되는 단어가 대부분이나 조금 생소한 단어가 제시되기도 하여 수험생들 역시 그다지 어렵지 않게 느낀다. 그러나 빠른 시간 내에 문제를 해결해야 하는 적성검사에서는 조급하게 생각하여 실수하는 경우가 많으므로 단어를 보고 정확한 뜻을 파악하는 것이 무엇보다 중요하다.

문제풀이 시간 표시

각 문제유형에 따라 총 문항 수와 총 문제풀이 시간, 문항당 문제풀이 시간을 제시하였다.

음에 대한 알맞은 답을 고르시오.

총 문항 수 : 12문항 | 총 문제풀이 시간 : 6분 | 문항당 문제풀이 시간 : 30초

친 부분에 들어갈 문장으로 알맞은 것을 고르면?

어지면 내일 비가 올 것이다.
으면 별똥별이 떨어진다.

중요문제 표시

기출유형에 근접한 문제마다 표시하여 중요문제를 쉽게 파악할 수 있게 하였다.

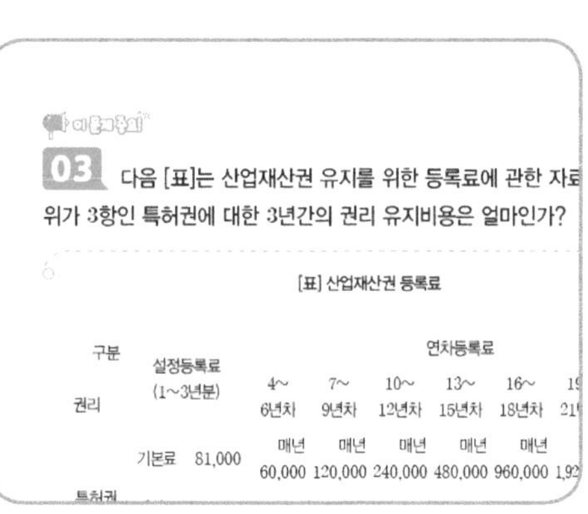
03 다음 [표]는 산업재산권 유지를 위한 등록료에 관한 자료
위가 3항인 특허권에 대한 3년간의 권리 유지비용은 얼마인가?

[표] 산업재산권 등록료

구분 권리		설정등록료 (1~3년분)	연차등록료 4~6년차	7~9년차	10~12년차	13~15년차	16~18년차	19~21년차
특허권	기본료	81,000	매년 60,000	매년 120,000	매년 240,000	매년 480,000	매년 960,000	1,92

타임테이블 & 채점결과

각 문제유형을 모두 풀었을 때 걸리는 시간 및 채점결과를 수험생 스스로 점검할 수 있도록 하였다.

소요시간		채점결과	
목표시간	24분	총 문항수	16문항
실제 소요시간	( )분 ( )초	맞은 문항 수	( )문항
초과시간	( )분 ( )초	틀린 문항 수	( )문항

44

차 례

1 경영철학과 목표

1. 인재와 기술을 바탕으로

- 인재육성과 기술우위 확보를 경영의 원칙으로 삼는다.
- 인재와 기술의 조화를 통하여 경영전반의 시너지 효과를 증대한다.

2. 최고의 제품과 서비스를 창출하여

- 고객에게 최고의 만족을 줄 수 있는 제품과 서비스를 창출한다.
- 동종업계에서 세계 1군의 위치를 확보한다.

3. 인류사회에 공헌

- 인류의 공동이익과 풍요로운 삶을 위해 기여한다.
- 인류공동체 일원으로서의 사명을 다한다.

2 핵심가치

1. 인재제일

'기업은 사람이다'라는 신념을 바탕으로 인재를 소중히 여기고 마음껏 능력을 발휘할 수 있는 기회의 장을 만들어 간다.

2. 최고지향

끊임없는 열정과 도전정신으로 모든 면에서 세계 최고가 되기 위해 최선을 다한다.

3. 변화선도

변화하지 않으면 살아남을 수 없다는 위기의식을 가지고 신속하고 주도적으로 변화와 혁신을 실행한다.

4. 정도경영

곧은 마음과 진실되고 바른 행동으로 명예와 품위를 지키며 모든 일에 있어서 항상 정도를 추구한다.

5. 상생추구

우리는 사회의 일원으로서 더불어 살아간다는 마음을 가지고 지역사회, 국가, 인류의 공동 번영을 위해 노력한다.

3 인재상

We invite global talent of diverse backgrounds.

삼성은 학력, 성별, 국적, 종교를 차별하지 않고

미래를 이끌어 나갈 인재와 함께 한다.

1. Passion 열정

We have an unyielding passion to be the best.

끊임없는 열정으로 미래에 도전하는 인재

2. Creative 창의혁신

We pursue innovation creative ideas for a better future.

창의와 혁신으로 세상을 변화시키는 인재

3. Integrity 인간미 · 도덕성

We act responsibly as a corporate citizen with honesty and fairness.

정직과 바른 행동으로 역할과 책임을 다하는 인재

4 신입사원 채용안내

1. 모집시기

각 회사별로 필요 시 상시 진행되며, 시기가 미리 정해져 있지 않지만 연 1~2회 공채를 실시

2. 지원자격

(1) 4급

① 전문대 졸업 또는 졸업예정자

② 군복무 중인 자는 당해연도 전역 가능한 자

③ 병역필 또는 면제자로 해외여행에 결격사유가 없는 자

(2) 5급

① 고등학교 졸업 또는 졸업예정자

② 군복무 중인 자는 당해연도 전역 가능한 자

③ 병역필 또는 면제자로 해외여행에 결격사유가 없는 자

3. 채용전형절차

(1) 지원서 접수

채용 홈페이지를 통한 지원서 접수
(http://www.samsungcareers.com)

(2) 서류전형

지원자격 및 자기소개서 기반으로 심층평가 진행

(3) GSAT(직무적성검사)

단편적인 지식보다는 주어진 상황을 유연하게 대처하고 해결할 수 있는 종합적인 능력을 평가하는 검사

(4) 면접전형

인성 면접 실시(기술직군에 지원한 지원자에 한해 기술 면접도 실시)

(5) 채용건강검진

건강검진 후 최종 입사

직무적성검사 안내

GSAT(Global Samsung Aptitude Test)

구분		내용	문항수	검사시간
직무 적성검사	언어능력검사	• 동의어 · 반의어 • 사자성어 • 문장배열 • 독해	40문항	15분
	수리능력검사	• 기본계산 • 응용계산 • 자료해석	40문항	15분
	추리능력검사	• 수 · 문자추리 • 언어추리 • 과학추리(생활과학)	40문항	20분
	지각능력검사	• 수 · 문자의 좌우비교 • 그림 배열 · 비교 • 블록	40문항	10분
	영어능력검사	• 동의어 · 반의어 • 생활영어회화 • 독해	40문항	20분
인성검사		주이진 질문에 대해 '그렇다~그렇지 않다'의 5개의 보기 중 자신에게 가장 알맞은 것을 고르는 유형	250문항	30분
UK작업태도검사		한 줄에 100개, 총 15개줄로 나열되어 있는 숫자들에 대하여, 두 개의 숫자를 더하여 십의 자리(앞자리)를 제외한 일의 자리(뒷자리)만 숫자와 숫자 사이에 적는 유형	전 · 후반 각 15줄 (한 줄에 100개)	전 · 후반 각 15분

* 본서에 수록된 GSAT 영역과 문제들은 2019년 채용을 기준으로 하였으므로 추후 변경 가능성이 있습니다.

언어능력검사

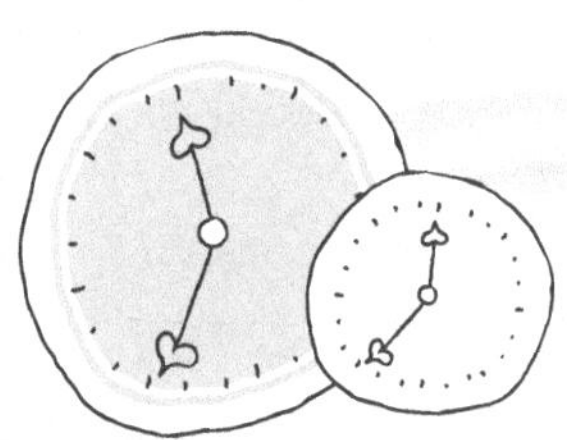

1DAY

언어능력검사

1. 어휘력

기출유형분석

문제풀이 시간 : 5초

▶ 다음 제시된 단어와 비슷한 의미의 단어를 고르시오.

답답하다

① 달달하다 ② 반반하다
③ 갑갑하다 ④ 급급하다

- **답답하다** : 숨이 막힐 듯이 갑갑하다
- **갑갑하다** : 1. 옷 따위가 여유 없이 달라붙거나 압박하여 유쾌하지 못한 상태에 있다. 2. 좁고 닫힌 공간 속에 있어 꽉 막힌 느낌이 있다.

유형분석 제시된 단어의 유의어나 반의어를 고르는 문제로는 일상생활에서 흔히 사용되는 단어가 대부분이나 조금 생소한 단어가 제시되기도 하며 수험생들 역시 그다지 어렵지 않게 느낀다. 그러나 빠른 시간 내에 문제를 해결해야 하는 적성검사에서는 조급하게 생각하여 실수하는 경우가 많으므로 단어를 보고 정확한 뜻을 파악하는 것이 무엇보다 중요하다. 생소하거나 유사어 같이 헷갈리는 단어는 문장으로 만들어 사용해 보고 푸는 것도 좋은 방법이다.

정답 ③

[01~11] 다음 제시된 단어와 비슷한 의미의 단어를 고르시오.

총 문항 수 : 11문항 | 총 문제풀이 시간 : 55초 | 문항당 문제풀이 시간 : 5초

01 타성

① 통탄 ② 파국
③ 습관 ④ 긴장

- **타성(惰性)** : 오래되어 굳어진 좋지 않은 버릇 또는 오랫동안 변화나 새로움을 꾀하지 않아 나태하게 굳어진 습성

① **통탄(痛嘆)** : 몹시 탄식함
② **파국(破局)** : 일이나 사태가 잘못되어 결딴이 남

02 넌더리

① 으름장 ② 환영
③ 싫증 ④ 잔돈

- **넌더리** : 지긋지긋하게 몹시 싫은 생각

③ **싫증** : 싫은 생각이나 느낌 또는 그런 반응
① **으름장** : 말과 행동으로 위협하는 짓

주요 유의어

- 끊임없다 = 줄기차다
- 상냥하다 = 곰살갑다
- 수월찮다 = 어렵다
- 수월하다 = 쉽다
- 쓰리다 = 어릿하다
- 다름없다 = 마찬가지
- 부루퉁하다 = 불만스럽다
- 끝없다 = 무궁하다
- 나무라다 = 야단치다
- 능통하다 = 전능하다
- 다다르다 = 도착하다
- 부드럽다 = 문문하다
- 달갑다 = 만족하다
- 닳다 = 해지다
- 멀쑥하다 = 멀끔하다
- 빡빡하다 = 빠듯하다
- 여물다 = 익다, 무르다
- 허기지다 = 출출하다

정답 01 ③ | 02 ③

03 배치(背馳)

① 이탈 ② 모순

③ 위반 ④ 월권

• **배치(背馳)** : 서로 반대로 되어 어그러지거나 어긋남

② **모순** : 말이나 행동의 앞뒤가 서로 맞지 않음

① **이탈** : 어떤 범위나 대열 따위에서 떨어져 나오거나 떨어져 나감

③ **위반** : 법률, 명령, 약속 따위를 지키지 않고 어김

④ **월권** : 자기 권한 밖의 일에 관여함

04 실책(失策)

① 전가(轉嫁) ② 성찰(省察)

③ 과오(過誤) ④ 각축(角逐)

• **실책(失策)** : 잘못된 꾀나 방법

③ **과오(過誤)** : 부주의나 태만 따위에서 비롯된 잘못이나 허물

① **전가(轉嫁)** : 잘못이나 책임을 다른 사람에게 넘겨씌움

② **성찰(省察)** : 자기의 마음을 반성하고 살핌

④ **각축(角逐)** : 서로 이기려고 다투며 덤벼듦

05 영절스럽다

① 뻔하다 ② 답답하다

③ 그럴듯하다 ④ 무시무시하다

• **영절스럽다** : 아주 그럴듯하다

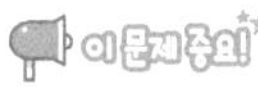

06 협력

① 협동　　② 행동
③ 강령　　④ 협정

- **협력(協力)** : 힘을 합하여 서로 도움
  ① **협동(協同)** : 서로 마음과 힘을 하나로 합함
  ② **행동(行動)** : 몸을 움직여 동작을 하거나 어떤 일을 함
  ③ **강령(綱領)** : 정당이나 사회단체 등이 그 기본 입장이나 방침, 운동 규범 따위를 열거한 것
  ④ **협정(協定)** : 서로 의논하여 결정함

07 계제

① 시초　　② 배후
③ 토대　　④ 기회

- **계제** : 1. 사다리라는 뜻으로, 일이 되어 가는 순서나 절차를 비유적으로 이르는 말. 2. 어떤 일을 할 수 있게 된 형편이나 기회.

이 문제 중요!

08 좌시하다

① 측은하다　　② 참견하다
③ 간섭하다　　④ 방관하다

정답 03 ② | 04 ③ | 05 ③ | 06 ① | 07 ④ | 08 ④

정답 해설 • **좌시하다** : 참견하지 않고 앉아서 보기만 하다.
④ **방관하다** : 어떤 일에 직접 나서서 관여하지 않고 곁에서 보기만 하다.
③ **간섭하다** : 직접 관계가 없는 남의 일에 부당하게 참견하다.

09 혼잡

① 혼성 ② 혼란
③ 혼합 ④ 혼선

정답 해설 • **혼잡** : 여럿이 한데 뒤섞이어 어수선함.
② **혼란** : 뒤죽박죽이 되어 어지럽고 질서가 없음.
① **혼성** : 서로 섞여서 이루어짐.
③ **혼합** : 뒤섞어서 한데 합함.
④ **혼선** : 말이나 일 따위를 서로 다르게 파악하여 혼란이 생김.

10 거스름돈

① 에누리 ② 구전(口錢)
③ 우수리 ④ 푼돈

③ **우수리** : 물건 값을 제하고 거슬러 받는 잔돈, 거스름돈
① **에누리** : 값을 깎는 일, 사실보다 보태거나 깎아서 말함
② **구전(口錢)** : 흥정을 붙여 주고, 그 보수로 사고파는 양쪽에서 받는 돈
④ **푼돈** : 많지 않은 몇 푼의 돈

11 마수걸이

① 개시(開始) ② 종결(終結)

③ 중단(中斷) ④ 재개(再開)

정답 해설 • **마수걸이** : 1. 맨 처음으로 물건을 파는 일, 또는 거기서 얻은 소득. 2. 맨 처음으로 부딪는 일

소요시간		채점결과	
목표시간	55초	총 문항수	11문항
실제 소요시간	( )분 ( )초	맞은 문항 수	( )문항
초과시간	( )분 ( )초	틀린 문항 수	( )문항

정답 09 ② | 10 ③ | 11 ①

기출유형분석

문제풀이 시간 : 5초

▶ 다음 제시된 단어와 반대 의미의 단어를 고르시오.

모호하다

① 분명하다　② 조용하다
③ 애매하다　④ 슬기롭다

- **모호하다** : 말이나 태도가 흐리터분하며 분명하지 않다.
- **분명하다** : 모습이나 소리 따위가 흐릿함이 없이 또뚜하고 뚜렷하다.

주요 반의어

- 걸작 ↔ 졸작
- 계승 ↔ 단절
- 급급하다 ↔ 여유 있다
- 등한시 ↔ 중요시
- 뚜렷하다 ↔ 막연하다
- 만성 ↔ 급성
- 망각 ↔ 기억
- 모방 ↔ 창조
- 영민하다 ↔ 아둔하다
- 묵독 ↔ 낭독
- 방임 ↔ 간섭
- 본토박이 ↔ 뜨내기
- 비천하다 ↔ 고상하다
- 사근사근하다 ↔ 퉁명스럽다
- 수두룩하다 ↔ 드물다
- 수축 ↔ 팽창
- 신중 ↔ 경솔
- 아둔하다 ↔ 명석하다
- 야무지다 ↔ 무르다
- 어렴풋하다 ↔ 확실하다
- 엄격 ↔ 관대
- 완만하다 ↔ 급격하다
- 은폐 ↔ 폭로
- 이완 ↔ 긴장
- 일시적 ↔ 영구적, 항구적
- 파괴 ↔ 건설
- 해이 ↔ 엄격
- 협의 ↔ 광의
- 회고 ↔ 전망
- 희박하다 ↔ 농후하다

실제 시험에서 유의어 · 반의어 문제를 풀 때에는 문제를 푸는 데에만 집중해 미처 유의어 문제에서 반의어 문제로 전환됐는지 깨닫지 못하는 경우가 있으니 주의하도록 한다.

정답 ①

[01~08] 다음 제시된 단어와 반대 의미의 단어를 고르시오.

총 문항 수 : 8문항 | 총 문제풀이 시간 : 40초 | 문항당 문제풀이 시간 : 5초

01 광의

① 협의 ② 범의

③ 정의 ④ 사의

정답해설
- **광의(廣義)** : 어떤 말의 개념을 정의할 때에 넓은 의미
- **협의(俠義)** : 어떤 말의 개념을 정의할 때에 좁은 의미

② **범의(汎意)** : 일반적으로 쓰이는 넓은 의미

02 가결

① 체결 ② 타결

③ 해결 ④ 부결

- **가결(可決)** : 회의에서 제출된 의안을 합당하다고 결정함
- **부결(否決)** : 의논한 안건을 받아들이지 않고 결정함 또는 그런 결정

① **체결(締結)** : 계약이나 조약 따위를 공식적으로 맺음
② **타결(妥結)** : 의견이 대립된 양편에서 서로 양보하여 일을 마무름
③ **해결(解決)** : 제기된 문제를 해명하거나 얽힌 일을 잘 처리함

정답 01 ① | 02 ④

03 비보

① 특보 ② 낭보
③ 오보 ④ 제보

- **비보** : 슬픈 기별이나 소식
- **낭보** : 기쁜 기별이나 소식

04 수렴

① 발산 ② 보완
③ 시초 ④ 강제

- **수렴** : 1. 돈이나 물건 따위를 거두어들임. 2. 의견이나 사상 따위가 여럿으로 나뉘어 있는 것을 하나로 모아 정리함.
- **발산** : 1. 감정 따위를 밖으로 드러내어 해소함. 2. 냄새, 빛, 열 따위가 사방으로 퍼져 나감.

이 문제 중요!

05 좌절

① 관철 ② 친절
③ 낭패 ④ 절망

- **좌절** : 1. 마음이나 기운이 꺾임 2. 어떠한 계획이나 일 따위가 도중에 실패로 돌아감
- **관철** : 어려움을 뚫고 나아가 목적을 기어이 이룸

06 우연성

① 현재성　② 자의성

③ 필연성　④ 허구성

• **우연성** : 아무런 인과 관계가 없이 뜻하지 아니하게 일어나는 성질

• **필연성** : 사물의 관련이나 일의 결과가 반드시 그렇게 될 수밖에 없는 요소나 성질

07 고답적

① 심미적　② 현실적

③ 이상적　④ 세속적

정답해설

• **고답적** : 속세에 초연하며 현실과 동떨어진 것을 고상하게 여기는. 또는 그런 것.

08 근로소득

① 가계소득　② 배당소득

③ 불로소득　④ 양도소득

정답해설

• **근로소득** : 피고용자가 육체적 · 정신적 노동을 하여 보수로 얻는 소득

• **불로소득** : 노동의 대가로 얻는 소득이 아닌 소득

정답 03 ② | 04 ① | 05 ① | 06 ③ | 07 ④ | 08 ③

[09~11] 다음 제시된 뜻과 상반된 의미의 단어를 고르시오.

총 문항 수 : 3문항 | 총 문제풀이 시간 : 21초 | 문항당 문제풀이 시간 : 7초

09 그런 것 같기도 하고 그렇지 않은 것 같기도 하여 분간하기 어렵다.

① 어리어리하다 ② 아둔하다

③ 역력하다 ④ 빙충맞다

• **알쏭하다** 예 어제 내가 무슨 말을 했는지 알쏭하다.

• **역력하다** : 자취나 기미, 기억 따위가 환히 알 수 있게 또렷하다.

① **어리어리하다** : 여럿이 다 모두 뒤섞여 뚜렷하게 분간하기 어렵다.

② **아둔하다** : 슬기롭지 못하고 머리가 둔하다.

④ **빙충맞다** : 똘똘하지 못하고 어리석으며 수줍음을 타는 데가 있다.

10 어떤 행동이나 견해, 제안 따위가 옳거나 좋다고 판단하여 수긍하다.

① 일치하다 ② 제외하다

③ 포함하다 ④ 반대하다

• **찬성하다** 유 동의하다, 동조하다 반 반대하다

① **일치하다** : 비교되는 대상들이 서로 어긋나지 않고 같거나 들어맞다.

② **제외하다** : 따로 떼어 내어 한데 헤아리지 않다.

③ **포함하다** : 어떤 사물이나 현상 가운데 함께 들어가게 하거나 함께 넣다.

11 전에 없던 것을 처음으로 만들다.

① 지어내다 ② 모방하다
③ 관찰하다 ④ 인도하다

정답해설

- **창조하다** ㉠ 이훤은 작가가 창조한 인물이다.
- **모방하다** : 다른 것을 본뜨거나 본받다.

① **지어내다** : 없는 사실을 만들거나 꾸며내다.
③ **관찰하다** : 사물이나 현상을 주의하여 자세히 살펴보다.
④ **인도하다** : 이끌어 지도하다. 길이나 장소를 안내하다.

[12~14] 다음 제시된 뜻과 유사한 의미의 단어를 고르시오.

총 문항 수 : 3문항 | 총 문제풀이 시간 : 21초 | 문항당 문제풀이 시간 : 7초

12 말을 유창하게 하지 못하고 떠듬떠듬하는 면이 있다.

① 어정쩡하다 ② 어색하다
③ 어눌하다 ④ 어수룩하다

정답해설

① **어정쩡하다** : 분명하지 아니하고 애매하거나 어중간하다.
② **어색하다** : 잘 모르거나 아니면 별로 만나고 싶지 않았던 사람과 마주 대하여 자연스럽지 못하다.
④ **어수룩하다** : 겉모습이나 언행이 치밀하지 못하여 순진하고 어설프다.

13 그윽하고 멀어서 눈에 아물아물하다.

① 낭랑하다　　② 우둔하다
③ 적요하다　　④ 묘연하다

정답 해설
① **낭랑하다** : 소리가 맑고 또랑또랑하다.
② **우둔하다** : 어리석고 둔하다.
③ **적요하다** : 적적하고 고요하다.

14 한 몫으로 따로 나누다.

① 구분하다　　② 종합하다
③ 배분하다　　④ 총괄하다

정답 해설
① **구분하다** : 일정한 기준에 따라 전체를 몇 개로 갈라 나누다.
② **종합하다** : 여러 가지를 한데 모아 합하다.
④ **총괄하다** : 개별적인 여러 가지를 한데 모아서 묶다.

소요시간		채점결과	
목표시간	1분 22초	총 문항수	14문항
실제 소요시간	( )분 ( )초	맞은 문항 수	( )문항
초과시간	( )분 ( )초	틀린 문항 수	( )문항

기출유형분석

문제풀이 시간 : 8초

▶ 다음 제시된 단어의 뜻으로 가장 가까운 것을 고르시오.

두드러지다

① 동작이 매우 빠르고 날래다.
② 가운데가 불룩하게 쑥 나오다.
③ 분쟁이나 사건 따위를 파헤치다.
④ 재빠르게 잡고서 당기거나 추켜올리다.

정답해설 **두드러지다** : 1. 가운데가 불룩하게 쑥 나오다. 2. 겉으로 뚜렷하게 드러나다.

오답해설 ① 잽싸다 ④ 잡아채다

정답 ②

[01~04] 다음 제시된 단어의 뜻으로 가장 가까운 것을 고르시오.

총 문항 수 : 4문항 | 총 문제풀이 시간 : 28초 | 문항당 문제풀이 시간 : 7초

01 퇴영

① 무딘 감정이나 감각
② 힘이 모자라서 복종함
③ 뒤로 물러나서 가만히 틀어박혀 있음
④ 도덕이나 풍속, 문화 따위가 어지러워짐

정답해설 ① 둔감
② 굴복
④ 퇴폐

02 갹출(醵出)

① 끌어서 빼냄

② 구석구석 뒤지어 찾음

③ 돈을 나누어 냄

④ 책, 글 따위에서 필요하거나 중요한 부분을 가려 뽑아냄

정답해설 ① 인출(引出)
② 수색(搜索)
④ 발췌(拔萃)

03 울력

① 서로 의견이 맞지 않아 충돌함

② 여러 사람이 힘을 합해 일함

③ 울타리를 만드는 데 세우는 기둥 같은 나무

④ 일에는 마음을 두지 않고 쓸데없이 다른 짓을 함

정답해설 ① 알력 ③ 울대 ④ 해찰

04 달포

① 한 해를 거름

② 한 달이 조금 넘는 기간

③ 하루가 조금 넘는 기간

④ 해가 막 넘어가는 때

정답해설 ① 해거리 ③ 날포 ④ 해넘이

[05~09] 다음 어구풀이에 해당하는 가장 알맞은 단어를 고르시오.

총 문항 수 : 5문항 | 총 문제풀이 시간 : 35초 | 문항당 문제풀이 시간 : 7초

05 실속이 있게 속이 꽉 차다.

① 올공대다 ② 옹졸하다

③ 옹종하다 ④ 옹골지다

① **올공대다** : 입 안에 든 단단하고 탄력 있는 물건이 잘 씹히지 않고 요리조리 미끄러지다.

② **옹졸하다** : 사람의 됨됨이가 너그럽지 못하고 생각이 좁다.

③ **옹종하다** : 마음이 좁고 오종종하다.

이 문제 중요!

06 제법 마음에 들다

① 뜨악하다 ② 다랍다

③ 깔축없다 ④ 마뜩하다

① **뜨악하다** : 마음이 선뜻 내키지 않아 꺼림칙하고 싫다.

② **다랍다** : 언행이 순수하지 못하거나 조금 인색하다.

③ **깔축없다** : 조금도 축나거나 버릴 것이 없다.

정답 02 ③ | 03 ② | 04 ② | 05 ④ | 06 ④

07 주관 없이 되는대로 행동하는 모양

① 어릿어릿 ② 엄벙덤벙
③ 곰비임비 ④ 발랑발랑

① **어릿어릿** : 어렴풋하게 자꾸 눈앞에 어려 오는 모양
③ **곰비임비** : 물건이 계속 쌓이거나 일이 겹치는 모양
④ **발랑발랑** : 아주 가볍고도 재빠르게 잇따라 행동하는 모양

08 형태가 약간 나타나 보일 정도로 희미하다.

① 우련하다 ② 투미하다
③ 메떨어지다 ④ 흐무러지다

② **투미하다** : 어리석고 둔하다.
③ **메떨어지다** : 모양이나 말, 행동 따위가 세련되지 못하여 어울리지 않고 촌스럽다.
④ **흐무러지다** : 잘 익어서 무르녹다.

09 좀 겸연쩍고 부끄럽다.

① 헛헛하다 ② 어릿하다
③ 열없다 ④ 곰살갑다

정답 해설
① **헛헛하다** : 채워지지 않는 허전한 느낌이 있다.
② **어릿하다** : 조금 쓰리고 따가운 느낌이 있다.
④ **곰살갑다** : 성질이 보기보다 상냥하고 부드럽다.

[10~14] 다음 제시된 단어의 상관관계를 이해하고, 이와 같은 관계인 것을 고르시오.

총 문항 수 : 5문항 | 총 문제풀이 시간 : 35초 | 문항당 문제풀이 시간 : 7초

1DAY 2DAY 3DAY

10 완화 : 긴축

① 고매 : 고결　　② 시사 : 암시
③ 찬조 : 협찬　　④ 집중 : 분산

정답해설 완화와 긴축은 서로 반의어 관계이므로 이와 같은 관계를 고르면 집중과 분산이다.

④ **분산(分散)** : 갈라져 흩어짐
① **고매(高邁)** : 성품이나 학식 따위가 높고 빼어나다. ㊒ 고결(高潔)
② **시사(示唆)** : 어떤 것을 미리 간접적으로 표현해 줌 ㊒ 암시(暗示)
③ **찬조(贊助)** : 어떤 일의 뜻에 찬동해 도와줌 ㊒ 협찬(協贊)

주요 한자 반의어

- 개방(開放) ↔ 폐쇄(閉鎖)
- 건설(建設) ↔ 파괴(破壞)
- 고의(故意) ↔ 과실(過失)
- 공급(供給) ↔ 수요(需要)
- 교묘(巧妙) ↔ 졸렬(拙劣)
- 굴복(屈服) ↔ 저항(抵抗)
- 노련(老鍊) ↔ 미숙(未熟)
- 눌변(訥辯) ↔ 능변(能辯)
- 망각(忘却) ↔ 기억(記憶)
- 멸망(滅亡) ↔ 융성(隆盛)
- 보편(普遍) ↔ 특수(特殊)
- 우연(偶然) ↔ 필연(必然)
- 유사(類似) ↔ 상위(相違)
- 이단(異端) ↔ 정통(正統)
- 인위(人爲) ↔ 자연(自然)
- 일반(一般) ↔ 특수(特殊)
- 희박(稀薄) ↔ 농후(濃厚)
- 희생(犧牲) ↔ 이기(利己)

이 문제 중요!

11 공업 : 산업

① 햇빛 : 선글라스　　② 발 : 운동화
③ 돼지 : 가축　　④ 개나리 : 봄

정답해설 공업은 산업의 하위 개념이다. 돼지는 가축의 일종이다.

정답 07 ② | 08 ① | 09 ③ | 10 ④ | 11 ③

12 기결(旣決) : 미결(未決)

① 수묵화 : 화선지
② 달포 : 삭여
③ 단축 : 축소
④ 적자 : 흑자

정답해설 기결(旣決)과 미결(未決)은 반의어 관계이다. 이와 같은 관계를 고르면 적자와 흑자이다.

- **기결(旣決)** : 이미 결정함.
- **미결(未決)** : 아직 결정하거나 해결하지 아니함.
- **적자** : 지출이 수입보다 많아서 생기는 결손액.
- **흑자** : 수입이 지출보다 많아 잉여 이익이 생기는 일.

13 길이 : 마일

① 무게 : 킬로그램
② 미터 : 센티미터
③ 킬로미터 : 높이
④ 거리 : 속도

정답해설 마일(mile)은 길이를 재는 단위이다. 따라서 이와 같은 관계는 무게를 재는 단위인 킬로그램과 짝을 이루는 ①이 적절하다.

14 시계 : 시침

① 단어 : 형태소
② 창조 : 답습
③ 도롱이 : 비옷
④ 우수리 : 잔돈

정답해설 시침은 시계의 구성요소로, 둘은 상하관계이다. 형태소는 단어의 구성요소이므로 둘 역시 상하관계이다.

③ **도롱이** : 짚, 띠 따위로 엮어 허리나 어깨에 걸쳐 두르는 비옷
④ **우수리** : 물건 값을 제하고 거슬러 받는 잔돈

[15~17] 다음 중 주어진 어구의 밑줄 친 부분과 같은 뜻으로 사용된 것을 고르시오.

총 문항 수 : 3문항 | 총 문제풀이 시간 : 1분 30초 | 문항당 문제풀이 시간 : 30초

15 **부아가 치밀어 오른 그의 얼굴이 붉게 달아올랐다.**

① 판매 실적이 좀 오를 수 있도록 회의를 해봅시다.
② 그녀가 아는 체를 좀 해줬다고 기세가 오른 그들은 안하무인이었다.
③ 그는 술기운이 올랐는지 얼굴이 벌겋게 달아올랐다.
④ 무당들도 신이 올라야만 작두를 탈 수 있는 것이다.

정답해설 ③ 어떤 감정이나 기운이 퍼지다.
① 실적이나 능률 등이 높아지다.
② 기운이나 세력이 왕성하여지다.
④ 귀신같은 것이 들리다.

16 **전해지는 이야기에 따르면 천자문은 중국의 주흥사가 왕의 명령에 따라 하룻밤 동안 지었다고 한다.**

① 성선설을 옹호하는 사람들은 인간의 본성이 착하다고 이야기한다.
② 이 바위에 얽혀있는 한 맺힌 여인의 이야기를 들었다.
③ 기분이 울적할 때는 친구들과 이야기를 하는 것이 도움이 된다.
④ 둘이서 한동안 수군수군 이야기를 하더니 이제는 조용해졌다.

정답해설 ② 어떤 사물이나 사실, 현상에 대하여 일정한 줄거리를 가지고 있는 말
① 자신의 주장이나 견해를 남에게 일러주는 말
③ 다른 사람과 주고받는 말
④ 사람들이 서로 나누는 대화나 말

정답 12 ④ | 13 ① | 14 ① | 15 ③ | 16 ②

17 **흥선대원군은 정치가로서만이 아니라 특유의 기상을 엿볼 수 있는 묵란(墨蘭)으로도 이름을 날렸다.**

① 고구려에서 신라의 사신을 보호한다는 이름 밑에 춘추 장군이 묵고 있는 공관을 철통같이 보호하고 있는 것이다.

② 그는 흉내를 잘 낸다고 해서 원숭이라는 이름을 얻었다.

③ 그는 자신의 이름으로 등기된 집을 갖기 위해 청춘을 소비했다.

④ 이름 없는 신설 병원 같은 것은 숫제 비온 장날 시골 전방처럼 한산한 속에 찾아오는 손님을 기다리고 있는 형편이다.

정답 해설 ④ 세상에 알려진 평판이나 명성

① 명분

② 어떤 일이나 하는 짓에 특별한 데가 있어 일반에게 일컬음

③ 명의

[18~20] 다음 글의 괄호 안에 들어갈 알맞은 접속어를 고르시오.

총 문항 수 : 3문항 | 총 문제풀이 시간 : 1분 | 문항당 문제풀이 시간 : 20초

18

생물다양성이란 원래 한 지역에 살고 있는 생물의 종이 얼마나 다양한가를 표현하는 말이었다. (　　) 오늘날에는 종의 다양성은 물론이고, 각 종이 가지고 있는 유전적 다양성과 생물이 살아가는 생태계의 다양성까지를 포함하는 개념으로 확장해서 사용한다. 특히 최근에는 생태계를 유지시키고 인류에게 많은 이익을 가져다준다는 점이 부각되면서 생물다양성의 가치가 크게 주목받고 있다.

① 그리고　　② 게다가

③ 그런데　　④ 한편

정답 해설 앞의 내용과 상반되는 내용을 이끌 때 쓰는 역접의 접속 부사인 '그런데'가 오는 것이 적절하다.

① **그리고** : 뒷문장이 앞 문장의 내용을 이어받아 연결할 때 쓰는 순접의 접속 부사

② **게다가** : 뒷문장이 앞 문장의 내용을 바꾸어 말하거나 짧게 간추려 요약할 때 쓰는 첨가의 접속 부사

④ **한편** : 뒷문장에서 앞 문장의 내용과는 다른 내용을 서술하여 화제를 바꾸는 전환의 접속 부사

19

신문이 특정 후보를 공개적으로 지지하는 것은 사회적 가치에 대한 신문의 입장을 분명히 드러내는 행위이다. 하지만 그로 인해 보도의 공정성을 담보하는 데에 어려움이 따를 수도 있다. (　　) 신문은 지지 후보의 표명이 보도의 공정성을 해치지 않는지 신중하게 따져 보아야 하며, 독자 역시 지지선언의 함의를 분별할 수 있는 혜안을 길러야 할 것이다.

① 또한　　② 예컨대

③ 그러나　　④ 따라서

정답 해설 괄호 앞의 말한 내용이 괄호 뒤에서 말한 내용의 이유, 근거가 되므로 순접의 접속 부사인 '따라서'가 적절하다.

20

현대의 고도 기술 수준 아래에서도 제주도의 이색적 경관이나 설악산의 빼어난 경관에 대한 마땅한 대체재, 그리고 삼림의 대기 정화기능에 대한 마땅한 대체재는 사실상 없다고 보아야 한다. 하기는 제주도를 찾는 사람들에게 이와 흡사한 다른 경치를 권한다거나 또는 제주도의 모조품을 다른 곳에서 만들어 이를 구경시킬 수 있다고 주장할지도 모른다. (　　) 이는 마치 미술 감상을 즐기는 사람에게 모조품을 권하는 것과 흡사하다.

① 물론　　② 그러나

③ 더욱이　　④ 그러므로

정답 해설 괄호 앞의 내용과 뒤의 내용이 상반되므로 역접의 접속 부사인 '그러나'가 적절하다.

소요시간		채점결과	
목표시간	4분 8초	총 문항수	20문항
실제 소요시간	(　)분 (　)초	맞은 문항 수	(　　)문항
초과시간	(　)분 (　)초	틀린 문항 수	(　　)문항

2. 독해

기출유형분석

문제풀이 시간 : 35초

▶ 다음 문장을 읽고 순서에 맞게 배열한 것을 고르시오.

가. 2050년이면 인간의 의식을 슈퍼컴퓨터로 다운 받아 저장할 수 있을 것이다.
나. 이렇게 된다면 인간에게 죽음이란 문제가 되지 않는다.
다. 최근 영국의 모 잡지에 다음과 같은 기사가 소개되었다.
라. 뿐만 아니라 이후 이 기술이 널리 보급돼 누구나 이용할 수 있을 것이라는 내용이다.

① 라 – 가 – 다 – 라　　② 가 – 나 – 다 – 라
③ 나 – 다 – 라 – 다　　④ 다 – 가 – 라 – 나

정답해설 영국잡지에 실린 기사 내용을 소개하는 글이다.
다. 말하려 하는 기사를 언급하고 있다.
가. 〈다〉 문장의 구체적 내용을 말하고 있다.
라. 〈가〉 문장 이외의 기사 내용을 말하고 있다.
나. 앞 문장들을 통해 결론을 짓고 있다.

유형분석 **문장배열 풀이요령**

- 가장 먼저 주제가 되는 문장을 찾는다. '그러나', '그리고', '또한' 등의 접속어로 시작하는 문장은 맨 먼저 놓일 수 없으므로 우선 제외한다. 또한 접속어를 통해 그 문장이 앞 문장과 상반되는 내용인지, 원인 혹은 결과인지 등을 유추할 수 있다.
- '이', '그', '저' 등의 지시어는 이미 앞에서 언급한 내용에만 사용할 수 있으므로 역시 처음 문장에서 제외하고, 지시어가 의미하는 바가 있는 문장을 찾아 그 문장의 뒤로 배열한다.
- 일반적으로 보기에 첫 문장으로 제시하는 문장은 두세 개 정도이다. 따라서 보기에 제시된 배열 순서를 먼저 고려하여 푸는 것도 하나의 방법이다.

정답 ④

정답 20 ②

[01~05] 다음 문장을 읽고 순서에 맞게 배열한 것을 고르시오.

총 문항 수 : 5문항 | 총 문제풀이 시간 : 2분 | 문항당 문제풀이 시간 : 15~35초

이 문제 중요!

01

가. 따라서 일단 대기 중으로 배출된 오염물질은 인간의 힘으로는 정화할 수 없다.
나. 이런 의미에서 대기오염에 관한 정책은 사전 예방 차원에서 접근해야 할 필요가 있다.
다. 대기는 열린 공간이다.
라. 단지 자연정화가 될 때까지 기다려야 한다.

① 가 – 다 – 라 – 나 ② 나 – 라 – 가 – 다
③ 다 – 라 – 나 – 가 ④ 다 – 가 – 라 – 나

정답 해설 대기오염에 따른 대책에 대해 말하고 있는 글이다.
다. 대기에 대해 언급하면서 대기의 특징을 말하고 있다.
가. 〈다〉 문장으로 인한 문제점을 말하고 있다.
라. 〈다〉 문장과 〈가〉 문장으로 인한 결과를 말하고 있다.
나. 앞 문장들을 통해 어떻게 대책을 세울지 제시하고 있다.

02

가. 여기서 사물을 바로 본다는 것은 시각적인 바른 관찰만을 뜻하지 않는다.
나. 사물의 본질을 꿰뚫어 보고 바로 판단하는 통찰력이 바탕이 된 바라봄을 뜻한다.
다. 지도자는 무엇보다도 안목이 뛰어나야 한다.
라. 안목이란 사물을 바로 볼 줄 아는 눈을 말한다.

① 가 – 나 – 다 – 라 ② 가 – 다 – 라 – 나
③ 다 – 나 – 가 – 라 ④ 다 – 라 – 가 – 나

정답 해설 지도자는 무엇보다도 안목이 뛰어나야 한다. → 안목이란 사물을 바로 볼 줄 아는 눈을 말한다. → 여기서 사물을 바로 본다는 것은 시각적인 바른 관찰만을 뜻하지 않는다. → 사물의 본질을 꿰뚫어 보고 바로 판단하는 통찰력이 바탕이 된 바라봄을 뜻한다.

03

가. 평상시에는 자상한 편인데 이유 없이 화를 낼 때가 있다.
나. 나는 승업의 그런 성격을 이해하려고 노력한다.
다. 그와 내가 가까운 친구 사이이기 때문이다.
라. 승업이는 이상한 성격을 지니고 있다.

① 가 – 다 – 라 – 나
② 가 – 나 – 다 – 라
③ 라 – 가 – 나 – 다
④ 라 – 가 – 다 – 나

정답 해설 승업이는 이상한 성격을 지니고 있다. → 평상시에는 자상한 편인데 이유 없이 화를 낼 때가 있다. → 나는 승업의 그런 성격을 이해하려고 노력한다. → 그와 내가 가까운 친구 사이이기 때문이다.

04

가. 먼저 물은 요리, 목욕, 빨래 등 일상생활의 용수로 쓰인다.
나. 우리 생활에서 물은 여러 가지로 이용된다.
다. 그리고 물은 높은 곳에서 떨어지는 힘으로 전기를 일으켜 이용되기도 한다.
라. 용수 외에 저수지에 가둬 두었던 물은 농사를 짓는 데 이용된다.

① 가 – 나 – 라 – 나
② 가 – 다 – 나 – 라
③ 나 – 가 – 라 – 다
④ 나 – 다 – 가 – 라

정답 01 ④ | 02 ④ | 03 ③ | 04 ③

정답 해설 우리 생활에서 물은 여러 가지로 이용된다. → 먼저 물은 요리, 목욕, 빨래 등 일상생활의 용수로 쓰인다. → 용수 외에 저수지에 가둬 두었던 물은 농사를 짓는 데 이용된다. → 그리고 물은 높은 곳에서 떨어지는 힘으로 전기를 일으켜 이용되기도 한다.

05

가. 재정난을 겪고 있던 A회사는 일련의 구조조정을 단행한 직후 직원의 직장만족도를 파악하기 위하여 설문조사를 실시하였다.

나. 하지만 설문조사 결과는 예상을 빗나갔다.

다. 설문조사는 익명으로 실시되었으나, 설문지는 직장만족도에 관련된 문항을 비롯하여 직위와 연령 및 근속연수 등의 다양한 문항으로 이루어졌다.

라. 오래 전부터 직원들이 회사에 불만이 많다는 소문이 있었기 때문에, 회사 임직원은 직원들의 직장만족도가 매우 낮을 것으로 예상했다.

① 가 – 나 – 다 – 라 ② 가 – 다 – 라 – 나

③ 나 – 라 – 다 – 가 ④ 나 – 라 – 가 – 다

정답 해설 재정난을 겪고 있던 A회사는 일련의 구조조정을 단행한 직후 직원의 직장만족도를 파악하기 위하여 설문조사를 실시하였다. → 설문조사는 익명으로 실시되었으나, 설문지는 직장만족도에 관련된 문항을 비롯하여 직위와 연령 및 근속연수 등의 다양한 문항으로 이루어졌다. → 오래 전부터 직원들이 회사에 불만이 많다는 소문이 있었기 때문에, 회사 임직원은 직원들의 직장만족도가 매우 낮을 것으로 예상했다. → 하지만 설문조사 결과는 예상을 빗나갔다.

소요시간		채점결과	
목표시간	2분	총 문항수	5문항
실제 소요시간	( )분 ( )초	맞은 문항 수	( )문항
초과시간	( )분 ( )초	틀린 문항 수	( )문항

[01~08] 다음 글을 읽고 물음에 답하시오.

총 문항 수 : 8문항 | 총 문제풀이 시간 : 8분 | 문항당 문제풀이 시간 : 1분

01 다음 빈칸에 들어갈 표현으로 가장 적절한 것은?

서양인들은 동양인들에 비해 세상을 '덜 복잡한 곳'으로 파악하기 때문에 적은 수의 요인들만으로도 세상을 이해할 수 있다고 믿는다. 연구팀은 미국과 한국의 대학생들에게 어떤 사건을 간단히 요약하여 기술하고, 총 100여 개에 달하는 요인들을 제시해 준 다음 각 요인이 그 사건과 관련이 있는지 없는지 선택하게 했다. 그 결과, 한국 대학생들은 약 37%의 요인들만 그 사건과 관계없는 요인으로 판단했으나, 미국 대학생들은 55%에 이르는 요인들이 그 사건과 관계없다고 판단했다. 동양계 미국인 참가자들은 한국인과 미국인의 중간 정도에 해당하는 반응을 보였다. 연구팀은 '어떤 요인이 어떤 사건과 관계없다고 판단 내리기를 꺼려하는 경향', 다시 말해 '(   )'이 종합주의적 사고와 관련이 있음을 발견했다.

① 무수히 많은 요인들이 어떤 사건에 관련되어 있다고 믿는 경향
② 인과론적으로 사건을 파악하려고 하는 경향
③ 세상을 덜 복잡한 곳으로 파악하고 관계를 판단하는 경향
④ 발생한 결과를 요인들로 미리 예측할 수 없다고 믿는 경향

정답 해설 서양인들은 동양인들에 비해 세상이 비교적 '덜 복잡'하고 '적은' 요인들이 어떤 사건과 관련이 있을 것이라고 보고 있는 데 반해, 동양인들은 이와는 반대로 훨씬 많은 수의 요인들이 어떤 사건과 관련이 있을 것이라고 보고 있는 가치관의 차이를 설명하고 있다. 빈칸에는 동양인의 관점에서 바라본 경향이 들어가야 옳다.

02 다음 지문을 읽고 내용상 어울리지 않는 문장을 고르면?

㉠ 어린이들은 본성적으로 호기심이 많은 존재이다. 그래서 자유롭게 내버려두면 주위 환경을 탐색하는 것을 즐거워하고, 새로운 것에 대해 흥미로워하며, 문제에 부딪히면 궁리를 거듭하여 끝내는 그 문제를 풀어내려고 한다. ㉡ 그런데 어떤 부모들은 어린이들이 하기 힘들어한다고 대신 해주려고 한다. 부모가 자녀의 일을 대신해주는 것은 아이들의 마음속에서 움트는 성장의 씨앗을 짓밟는 결과가 된다. ㉢ 그러나 어린이들이 힘들어하는 경우에는 부모가 대신해주는 것이 필요하다. ㉣ 어린이들이 자발적으로 할 수 있게 하는 부모의 배려가 필요하다.

① ㉠　　② ㉡
③ ㉢　　④ ㉣

정답해설 ㉢을 제외한 다른 문장에서는 모두 아이들이 자신들의 일을 자발적으로 할 수 있게 해야 한다는 내용을 담고 있다.

03 다음 글의 주제로 가장 적절한 것은?

양극화의 해소를 위해서는 근본적으로 중산층을 키울 수 있는 방안이 마련되어야 한다. 우선, 양질의 일자리가 만들어져야 중산층의 경제력이 살아날 것이다. 지금 정부와 기업은 비정규직 문제 해결에 소극적인 입장을 취하고 있다. IMF 이후 국민의 조세로 만든 수많은 공적 자금이 기업에게 들어갔으며, 노동자들은 울며 겨자 먹기 식으로 퇴직을 당하거나 비정규직으로 떠밀릴 수밖에 없었다. 우리나라 비정규직의 형태는 유럽이나 미국의 파트타임 근무제가 아니라 일은 정규직과 동일하게 일하면서 비정규직 대우를 받는 기형적인 형태이다. 이러한 비정규직 문제가 해결되지 않는 한 양극화 문제는 해소될 수 없다.

① 비정규직을 파트타임 근무제로 전환해야 한다.
② 비정규직 문제를 해결해야 양극화를 해결할 수 있다.

③ 우리나라 비정규직은 유럽이나 미국에 비해서 불합리하다.
④ 회수하지 못한 공적 자금이 아직도 많다.

정답 해설 양질의 일자리를 만들기 위해서는 비정규직 문제를 해결해야 한다는 내용이다.

04 다음 글에서 ㉠의 전제로 가장 적절한 것은?

길든다는 것은 주어진 환경이나 조건에 충실하여 자신의 내면에서 일어나는 자연스러운 본성 또는 욕망에 의해 행동하는 것을 의미한다. 그것은 일종의 조건 반사와 마찬가지이다. 따라서 길들이기를 거부하는 것은 동물의 본능을 거스르는 최고의 반역이며 ㉠ 인간이 된다는 것은 이러한 반역에 성공하였음을 의미한다. 그런데 고통스러운 인간이 되기보다 행복한 동물로 남기를 바랄 때에는 자연스럽게 순응하고, 길들이기를 선택하게 된다.

플라톤이 동굴의 비유를 통해 보여주고자 했던 것이 무엇일까? 그것은 사람들이 살아가는 현실이 이렇게 길들은 공간이라는 점이다. 따라서 길드는 것은 무엇이나 동굴이고, 길드는 자는 죄수일 수밖에 없다. 이유 없이 억압에 길들어 버리는 것, 모순과 타협하고 좌절하는 것, 이것이야 말로 우리가 극복해야 하는 원초적인 죄악이다.

① 인간과 자연의 관계는 중요하다.
② 동물은 환경에 빠르게 적응한다.
③ 인간은 주체적으로 행동하는 존재이다.
④ 길들기 유무에 따라 인간과 동물을 구별할 수 있다.

정답 해설 글의 앞부분에서 길드는 것은 자연의 본성이며 일종의 조건반사라고 하였고 ㉠은 이를 거스르는 반역이라고 하였다. 따라서 ㉠에서 말한 '이러한 반역'은 결국 자연의 본성을 거스르는 것이라고 볼 수 있다. 따라서 인간이 자연의 본성을 거스를 수 있다면 인간이 자연 환경에 수동적으로 반응하는 존재가 아니라 이를 거스를 수 있는 주체적인 존재라는 것을 전제하고 있다고 보아야 한다.

05 다음 글의 주제로 가장 적절한 것은?

인간은 언어의 한계를 넘어서려는 충동을 갖고 있다. 가령 사람들이 어떤 것이 존재한다는 데에 갖는 경외감에 관하여 생각해 보자. 이러한 경외감은 물음의 형태로 표현될 수 없으며, 그것에 대한 대답도 있을 수 없다. 우리가 말할 수 있는 어떤 것은 선험적으로 헛소리라는 것이다. 그럼에도 불구하고 우리는 언어의 한계를 넘어서고 있다. 그러나 넘어서려는 그러한 경향은 그 무엇인가를 암시한다. 나는 이러한 인간의 경향을 가볍게 보지 않으며, 오히려 그것에 경외를 표하고 싶다. 나에게 있어 사실들이란 별로 중요하지 않다. 그러나 사람들이 '세계가 존재한다'고 말할 때 그들이 의미하는 것은 나의 마음에 가까이 와 닿는다.

① 인간은 형이상학적인 사고를 하려는 경향을 가지고 있다.
② 존재하지 않는 것을 말하는 것은 무의미하다.
③ 선험적인 것들을 언어로 표현하는 것은 헛소리와 같다.
④ 언어의 한계를 넘어서려는 경향은 사실의 존재를 암시한다.

정답 해설 인간은 언어의 한계를 넘어서려는 경향을 가지고 있으며, 그러한 선험적인 것들에 대해서 '세계가 존재한다'는 말처럼 의미를 부여해서 경외감을 가진다. 즉 인간은 형이상학적인 사고를 하려는 경향이 있다.

이 문제 주목!

06 다음 글의 주제로 가장 적절한 것은?

두뇌는 본질적으로 에너지를 낭비하는 걸 좋아하지 않는다. 인간은 자신의 두뇌에서 겨우 10~15퍼센트에 해당하는 부분만을 사용한다고 한다. 그러나 우리의 두뇌는 어느 한 순간에는 두뇌의 일부분만이 활성화된다고 해도 실은 전체적으로 이용된다. 그저 두뇌의 모든 부분이 동시에 이용되지 않을 뿐이다. 그러나 어느 순간에는 두뇌의 각 영역 간에 전쟁이 일어난다. 뇌는 영역마다 각각의 특정한 기능을 맡아 수행하는데, 이를 수행하기 위해서는 에너지가 필요하고 이 과정에서 영역들이 서로 경쟁하기 때문이다. 결국 기회를 차지하는 것은 최소의 에너지로 자신의 임무를 완수하는 영역이다.

① 두뇌의 활동적 임무 수행
② 두뇌의 에너지 투입 과정
③ 두뇌의 영역 간 세력 다툼
④ 두뇌의 효율적 에너지 이용

정답 해설 '두뇌는 에너지를 낭비하는 걸 좋아하지 않는다'는 문장으로 시작하여 두뇌의 각각의 영역이 기능을 수행해야 할 때 최소한의 에너지로 자신의 임무를 수행할 수 있는 영역이 에너지를 먼저 사용하게 된다고 하고 있으므로 이를 포괄할 수 있는 주제는 '두뇌의 효율적 에너지 이용'이다.

07 다음 글의 내용과 일치하는 것은?

정적 분석은 프로그램을 실행해 보지 않고 프로그램 내용을 살펴서 실행 중의 상황을 알아내는 방법이다. 그런데 프로그램 실행 시의 상황을 완전하게 알아내는 것은 불가능하거나 시간이 너무 오래 걸리기 때문에, 정적 분석에서는 일반적으로 오차가 존재하지만 유용성이 있는 근사분석을 사용한다.

정적 분석의 오차는 두 가지로 구분될 수 있다. 프로그램 수행 시에 오류가 실제 발생하는데도 발생하지 않는다고 분석할 경우 이를 '잘못된 부정(false–negative)'이라고 하며, 프로그램이 오류를 발생시키지 않는데도 발생할 수 있다고 분석하는 경우 이를 '잘못된 긍정(false–positive)'이라고 한다. 주어진 프로그램이 오류를 발생시킬 수 있을 경우에는 반드시 이를 미리 알아내어야 하며, 이를 만족하는 정적 분석을 '안전하다(sound)'고 말한다.

① 오류가 없는 프로그램은 안전한 정적 분석을 항상 통과한다.
② '잘못된 긍정'이 없는 정적 분석은 존재하지 않는다.
③ '잘못된 긍정'을 발생시키지 않는 정적 분석은 안전하다.
④ 안전하지 않은 정적 분석은 '잘못된 부정'을 발생시킨다.

정답 05 ① | 06 ④ | 07 ④

정답 해설 안전한 정적 분석은 오류의 발생 가능성을 미리 아는 것이므로, 안전하지 않은 정적 분석은 프로그램 수행 시 오류가 발생하는데도 그렇지 않다고 분석하는 '잘못된 부정'을 발생시킨다.

08 다음 글에 이어질 단락의 요지로 적당한 것은?

범죄가 언론 보도의 주요 소재가 되고 있다. 그 이유는 언론이 범죄를 취잿감으로 찾아내기가 쉽고 편의에 따라 기사화할 수 있을 뿐만 아니라, 범죄 보도를 통하여 시청자의 관심을 끌 수 있기 때문이다. 이러한 보도는 범죄에 대한 국민의 알 권리를 충족시키는 공적 기능을 수행하기 때문에 사회적으로 용인되는 경향이 있다. 그러나 지나친 범죄 보도는 범죄자나 범죄피의자의 초상권을 침해하여 법적 · 윤리적 문제를 일으키기도 한다.

① 범죄 보도에 대한 언론의 바람직한 자세
② 언론의 자유와 언론의 통제에 대한 갈등
③ 지나친 언론 보도에 따른 시민들의 부정적 인식
④ 피해자 보호와 피의자 보호의 중요성

정답 해설 주어진 글은 범죄가 언론 보도의 주요 소재가 되는 이유를 설명하고 과도한 언론 보도의 문제점을 제기한 부분이다. 이 글에 이어질 내용은 범죄 보도에 대한 언론의 바람직한 자세에 대한 것이 적절하다.

[09~10] 다음 글을 읽고 물음에 알맞은 답을 고르시오.

총 문항 수 : 2문항 | 총 문제풀이 시간 : 3분 | 문항당 문제풀이 시간 : 1분 30초

컴퓨터는 처리할 수 있는 정보의 양과 속도 면에서는 인간의 능력을 훨씬 뛰어넘는다. 그러나 컴퓨터의 기능이 얼마나 복잡하든, 궁극은 공식에 따라 진행되는 수리적 · 논리적인 여러 조작의 집적으로 이루어지는 것에 불과하다. 공식에 따르지 않는 지적 · 정신적 기능은 컴퓨터에는 있을 수 없다. 심리학에서는 컴퓨터처럼 공식에 따르는 정신기능을 수렴적 사고라 하고, 이에 비해 인간이 이루어내는 종합적 사고를 발산적 사고라 한다. 발산적 사고는 과학 · 예술 · 철학 등에서도 아주 중요한 지적 기능이다. 이러한 기능은 컴퓨터에는 없다. 컴퓨터가 아무리 발달한다 해도 컴퓨터가 「죄와 벌」 같은 문학 작품을 써낼 수는 없다. 지나치게 컴퓨터에 의존하거나 중독되는 일은 이런 발산적 사고의 퇴화를 가져올 수 있다.

또 컴퓨터의 혁신 · 발전이 하도 빨라서 컴퓨터 사용자는 내일의 진보는 믿으면서도 어제로 향하는 역사감각은 무디어진다. 말하자면 '시간의 섬'에서 살고 있는 셈이다. ________ 컴퓨터시대의 인간은 그 이전의 사람들과 달리 어떤 대상에 대하여 강한 정의적 애착도 증오도 가지지 않는다.

이 문제 주의!

09 윗글에서 말하는 발산적 사고와 일치하는 것은?

① 휴대전화의 키패드를 눌러가며 오락을 하였다.
② 움베르트 에코의 「전날의 섬」 중 일부분을 베껴 썼다.
③ 컴퓨터의 그림판 프로그램을 이용하여 친구의 얼굴을 그렸다.
④ 적금이 만기가 되었을 경우의 이자를 계산하였다.

정답해설 발산적 사고는 과학 · 예술 · 철학 등에서도 아주 중요한 지적 기능으로서, 인간이 이루어내는 종합적 사고를 말한다. 컴퓨터와 같이 공식에 따라 진행되는 수리적이고 논리적인 여러 조작의 집적과는 상반된 것이다.

정답 08 ① | 09 ③

이 문제 중요!

10 밑줄 친 부분에 들어갈 알맞은 접속어는?

① 그러나 ② 예를 들어서
③ 따라서 ④ 그렇기는 하지만

정답 해설 접속어의 문제는 앞 문장과 뒤 문장을 살펴보는 것이 중요하다. 빈칸 앞의 문장이 뒤 문장의 이유 · 원인이 되므로 '따라서'가 들어가는 것이 적절하다.

[11~12] 다음 글을 읽고 물음에 알맞은 답을 고르시오.

총 문항 수 : 2문항 | 총 문제풀이 시간 : 3분 | 문항당 문제풀이 시간 : 1분 30초

모든 예술 작품에 공통되고 그것들에만 특수한 속성은 무엇인가? 그 속성이 무엇이건 그것이 다른 속성들과 함께 발견된다는 점은 분명하다. 그러나 다른 속성들이 우연적인 반면 그 속성은 본질적이다. 그것을 갖고 있지 않으면 그 어떤 것도 예술작품이 아니고, 최소한이라도 그것을 소유하면 그 어떤 작품도 완전히 무가치할 수 없는 그러한 하나의 속성이 존재함에 틀림없다. 이 속성은 무엇일까? 어떤 속성이 우리의 미적 정서를 유발하는 모든 대상들에 의해 공유되는 것일까? 소피아 사원과 샤르트르 성당의 스테인드글라스, 멕시코의 조각품, 파도바에 있는 지오토의 프레스코 벽화들, 그리고 푸생, 피에로델라 프란체스카와 세잔의 걸작들에 공통된 속성은 무엇일까?

오직 하나의 대답만이 가능해 보인다. 바로 '의미 있는 형식'이다. 방금 말한 대상들 각각에서 특수한 방식으로 연관된 선과 색들, 특정 형식과 형식들의 관계가 우리의 미적 정서를 불러일으킨다. 선과 색의 이러한 관계와 연합체들, 미적으로 감동을 주는 이 형식을 나는 의미 있는 형식이라고 부르며 이것이 모든 예술작품에 공통적인 하나의 (   )이다.

11 다음 중 빈칸 안에 들어갈 단어로 가장 적절한 것은?

① 속성 ② 형식

③ 특색 ④ 정서

정답해설 '소피아 사원과~공통된 속성은 무엇일까?'라는 질문과 이에 대한 대답과 부가설명인 '오직 하나의~ 의미 있는 형식이라고'를 보면 괄호 속에 들어갈 말로 적절한 것은 '속성'임을 알 수 있다.

12 다음 중 지문의 내용과 일치하지 않는 것은?

① 특수한 방식으로 연관된 선과 색들, 특정 형식들의 관계가 미적 감동을 주는 형식을 의미 있는 형식이라고 부른다.

② 조각품이나 회화 등의 예술작품은 미적 정서를 유발한다.

③ 미적 정서를 일으키는 성질과 의미 있는 형식 사이에는 괴리가 있을 수 있다.

④ 의미 있는 형식의 속성은 본질적이다.

정답해설 미적 정서를 유발하는 모든 대상이 가진 공통되고 그것에만 특수한 속성이 바로 '의미 있는 형식'이다. 그러므로 둘 사이에는 괴리가 있을 수 없다.

정답 10 ③ | 11 ① | 12 ③

[13~14] 다음 글을 읽고 물음에 알맞은 답을 고르시오.

총 문항 수 : 2문항 | 총 문제풀이 시간 : 2분 | 문항당 문제풀이 시간 : 1분

_____(가)_____ 다른 동물들과 비교해 대표적으로 말할 수 있는 높은 수준의 특징이다. 인간의 대뇌에 있는 중추신경의 작용을 통해서 인간은 말을 할 수 있다. 중추신경의 작용에 따라 발음기관을 움직여 말을 하고, 대뇌와 청신경을 통해 타인의 언어를 이해하게 된다. (㉠), 다른 동물도 나름대로 자신의 조리를 통해 신호를 교환한다. 침팬지는 동료를 부르거나 공포, 고통, 경악, 경계, 기쁨과 슬픔 등을 수십 가지의 소리를 통해 표현한다고 알려져 있다. (㉡) 이것은 감정의 직접적 표현에 불과하다.

13 (가)에 들어갈 내용으로 가장 적절한 것은?

① 인간이 신경과 대뇌를 통해서 타인과 의사를 주고받는다는 것은

② 인간이 언어를 가졌다는 것은

③ 인간이 생각을 할 수 있다는 것은

④ 인간이 감정을 주고받고 이해할 수 있다는 것은

정답 해설 제시문은 인간이 침팬지와 같은 동물들과 달리 말을 하고 언어를 이해한다는 내용이다. 따라서 (가)에는 이러한 것을 포괄하는 '인간이 언어를 가졌다는 것은'이라는 내용이 들어가야 적당하다.

14 ㉠, ㉡에 들어갈 말로 가장 적절한 것은?

	㉠	㉡
①	그리고	결국
②	뿐만 아니라	하지만
③	물론	그러나
④	또한	그리고

정답해설 인간이 말을 하고 언어를 이해하는 것처럼 동물들도 신호를 교환한다는 내용이므로 ㉠에는 '물론'이 들어가는 것이 옳다. 하지만 ㉡에서는 동물의 소리 신호가 인간과 달리 감정의 표현에 불과하다고 하였으므로 역접의 접속어인 '그러나'가 들어가는 것이 옳다.

[15~16] 다음 글을 읽고 물음에 알맞은 답을 고르시오.

총 문항 수 : 2문항 | 총 문제풀이 시간 : 2분 | 문항 당 문제풀이 시간 : 1분

텔레비전은 올바른 정치적 판단을 할 수 있도록 도와주는 역할을 할 수도 있기 때문에 올바른 민주 시민으로서의 ㉠ 자질과 ㉡ 안목을 기르는 데 도움을 주기도 한다. 전자 민주주의라는 말이 나올 만큼 오늘날의 정치는 텔레비전을 비롯한 각종 대중 매체를 이용하여 이루어진다. 따라서 방송 특히 텔레비전을 잘 활용할 경우에 참다운 민주주의를 ㉢ 실현할 수 있게 된다. 각종 선거 때마다 방송을 통해 입후보자의 면면을 미리 알려 준다든지 갖가지 정치적 화제들에 대한 정보와 국회의원들의 활동 상황을 ㉣ 제공하기도 한다. 이와 같이 텔레비전은 시청자가 올바른 정치적 입장과 이념을 정립하는 데 도움을 주는 수단이라고 할 수 있다.

정답 13 ② | 14 ③

15 위 글에서 텔레비전을 대하는 글쓴이의 태도는?

① 반어적　　② 긍정적
③ 비판적　　④ 풍자적

정답해설 이 글에서는 텔레비전이 올바른 민주 시민이 되는 데 도움을 준다고 하는 등 장점에 대해 설명하고 있으므로 글쓴이는 텔레비전에 대해 긍정적인 태도를 보이고 있다.

16 ㉠~㉣의 뜻풀이로 옳지 않은 것은?

① ㉠ 자질 : 어떤 분야의 일에 대한 능력이나 실력의 정도
② ㉡ 안목 : 사물을 보고 분별하는 능력
③ ㉢ 실현 : 일의 한 단계를 끝냄
④ ㉣ 제공 : 무엇을 내주거나 갖다 바침

정답해설 실현(實現)은 '꿈, 기대 따위를 실제로 이룸'이라는 뜻이다.

소요시간		채점결과	
목표시간	18분	총 문항수	16문항
실제 소요시간	(　)분 (　)초	맞은 문항 수	(　　)문항
초과시간	(　)분 (　)초	틀린 문항 수	(　　)문항

정답 15 ② | 16 ③

수리능력검사 및 추리능력검사

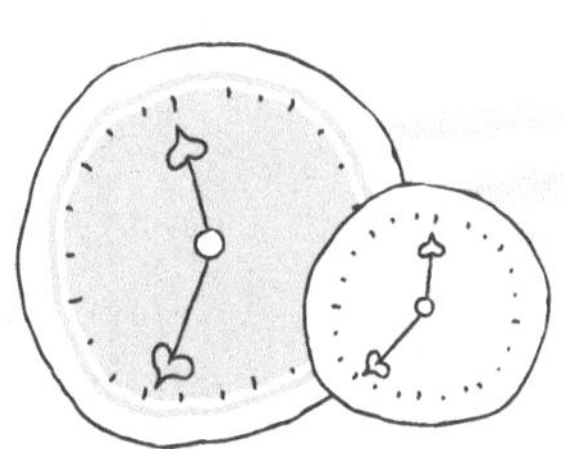

2DAY

수리능력검사

기출유형분석

⏰ 문제풀이 시간 : 10초

▶ 다음 계산에 대한 알맞은 답을 고르시오.

$54-14\times3+43$

① 43 ② 44

③ 45 ④ 46

정답 해설 $54-(14\times3)+43=54-52+43=45$

핵심 정리 **덧셈, 뺄셈, 곱셈, 나눗셈의 혼합계산 순서**

- 괄호가 있으면 소괄호 ( ), 중괄호 { }, 대괄호 [ ] 순으로 계산한다.
- 곱셈, 나눗셈을 계산한다.
- 덧셈, 뺄셈을 계산한다.

예 $38-\{6\times(4+5)\div18\}=38-(6\times9\div18)$

$=38-(54\div18)$

$=38-3$

$=35$

(① $4+5$, ② 6×9, ③ $54\div18$, ④ $38-3$)

유형 분석 사칙연산은 삼성 GSAT의 4 · 5급에서 공통적으로 출제되는 유형이다. 단순한 계산이지만 의외로 많은 수험생들이 분수나 소수점의 연산을 낯설어하므로 충분한 연습이 필요하다. 5급에서는 사칙연산 외에 할푼리, 방정식, 그래프 해석 등의 간단한 유형이 주를 이루지만 4급의 시험에서는 이보다 복잡한 계산을 필요로 하거나 소금물의 농도, 속도 등을 계산하는 응용계산 영역이 출제되기도 하므로 다양한 문제 유형을 접해 시험에 대비해야 한다.

정답 ③

[01~09] 다음 계산에 대한 알맞은 답을 고르시오.

총 문항 수 : 9문항 | 총 문제풀이 시간 : 3분 30초 | 문항당 문제풀이 시간 : 10~30초

01 $27\div9-9+3\times5$

① 12　　② 11

③ 10　　④ 9

정답 해설 $(27\div9)-9+(3\times5)=3-9+15=9$

02 $\frac{7}{4}\times\frac{5}{14}\div\frac{9}{10}-\frac{1}{2}$

① $\frac{7}{36}$　　② $\frac{1}{4}$

③ $\frac{11}{36}$　　④ $\frac{13}{36}$

정답 해설 $\left(\frac{7}{4}\times\frac{5}{14}\div\frac{9}{10}\right)-\frac{1}{2}=\left(\frac{5}{8}\times\frac{10}{9}\right)-\frac{1}{2}=\frac{25}{36}-\frac{1}{2}=\frac{7}{36}$

03 $6\times(-1)+\frac{3}{5}$

① -5　　② $-\frac{26}{5}$

③ $-\frac{27}{5}$　　④ $-\frac{28}{5}$

정답 해설 $\{6\times(-1)\}+\frac{3}{5}=-6+\frac{3}{5}=-\frac{27}{5}$

04 $12.5-8.7+10.1+5.8$

① 18.7　② 19.7

③ 20.7　④ 21.7

정답해설 $12.5-8.7+10.1+5.8=3.8+10.1+5.8=13.9+5.8=19.7$

05 $14.2\times2\div4-2.1$

① 5　② 5.1

③ 5.2　④ 5.3

정답해설 $(14.2\times2\div4)-2.1=7.1-2.1=5$

06 $3.25\div\frac{1}{3}-1.5\times5.2$

① 1.65　② 1.75

③ 1.85　④ 1.95

$\left(3.25\div\frac{1}{3}\right)-(1.5\times5.2)=9.75-7.8=1.95$

07 $3.1+\frac{1}{4}\div 0.5\times\frac{4}{25}$

① 2.24 ② 3.18

③ 4.11 ④ 5.23

정답 해설 $3.1+\left\{\left(\frac{1}{4}\div 0.5\right)\times\frac{4}{25}\right\}=3.1+\left(0.5\times\frac{4}{25}\right)=3.1+0.08=3.18$

08 $\left(6+\frac{2}{3}\right)\times\frac{3}{5}\div\frac{1}{8}$

① $\frac{17}{5}$ ② $\frac{21}{5}$

③ 28 ④ 32

정답 해설 $\left(6+\frac{2}{3}\right)\times\frac{3}{5}\div\frac{1}{8}=\frac{20}{3}\times\frac{3}{5}\div\frac{1}{8}=4\div\frac{1}{8}=4\times 8=32$

09 $48+12\times 4\div 3$

① 52 ② 56

③ 64 ④ 71

정답 해설 $48+12\times 4\div 3=48+\{(12\times 4)\div 3\}=48+16=64$

정답 04 ② | 05 ① | 06 ④ | 07 ② | 08 ④ | 09 ③

10 다음 빈칸에 들어갈 숫자로 알맞은 것은?

$154-36\times(\quad)\div6=82$

① 11 ② 12
③ 13 ④ 14

빈칸을 x라 하면

$154-\frac{36x}{6}=82,\ 6x=72\quad\therefore x=12$

11 다음 보기의 계산값과 같은 것은?

$39+3\times7$

① 2^5+3^3+1 ② 8^2
③ $273\div3-30$ ④ $(5^3-1)\div2$

정답해설 $39+(3\times7)=60$
① 60 ② 64 ③ 61 ④ 62

12 100의 1할 7푼 2리는?

① 172 ② 17.2
③ 1.72 ④ 0.172

 1할 7푼 2리=0.172이므로
100×0.172=17.2

 **할푼리**

비율을 소수로 나타낼 때, 그 소수의 첫째 자리를 '할', 소수의 둘째 자리를 '푼', 소수의 셋째 자리를 '리'라고 한다.

13 $\frac{3}{4}\times\frac{4}{5}\times\frac{5}{6}\times\frac{6}{7}+\frac{1}{4}\div\frac{1}{5}\div\frac{1}{6}$

① $\frac{105}{14}$ ② $\frac{107}{14}$

③ $\frac{109}{14}$ ④ $\frac{111}{14}$

정답 해설 $\left(\frac{3}{4}\times\frac{4}{5}\times\frac{5}{6}\times\frac{6}{7}\right)+\left(\frac{1}{4}\div\frac{1}{5}\div\frac{1}{6}\right)=\frac{3}{7}+\frac{15}{2}=\frac{111}{14}$

14 다음 보기의 계산값과 같은 것은?

108+10−77

① 4×11 ② 11+22

③ 5×9−4 ④ 8÷2+30

 108+10−77=118−77=41
① 44 ② 33 ③ 41 ④ 34

정답 10 ② | 11 ① | 12 ② | 13 ④ | 14 ③

이 문제 중요!

15 어느 농구선수의 골 성공률이 5할 7푼 5리이다. 이 선수가 400개의 공을 던졌다고 할 때 골 몇 개를 성공했는가?

① 210　　② 220
③ 230　　④ 240

정답해설 5할 7푼 5리＝0.575이므로
$400 \times 0.575 = 230$

이 문제 중요!

16 $(\sqrt{5}-\sqrt{3})^2$을 계산하면 얼마인가?

① $8-2\sqrt{15}$　　② $2\sqrt{15}$
③ 2　　④ $\sqrt{2}$

정답해설 $(\sqrt{5}-\sqrt{3})^2=5-2\sqrt{15}+3=8-2\sqrt{15}$

17 $(-1)^{200}+(-1)^{199}+(-1)^{198}-(-1)^{197}$

① -2　　② -1
③ 2　　④ 1

정답해설 $(-1)^{200}+(-1)^{199}+(-1)^{198}-(-1)^{197}=1+(-1)+1-(-1)=2$

18 $(2^2-3^2)(3^2-4^2)+(5^2-6^2)$

① 23　② 24
③ 25　④ 26

$(2^2-3^2)(3^2-4^2)+(5^2-6^2)$
$=(2+3)(2-3)(3+4)(3-4)+(5+6)(5-6)$
$=(-5)\times(-7)-11$
$=35-11$
$=24$

곱셈공식

① $(a+b)^2=a^2+2ab+b^2$, $(a-b)^2=a^2-2ab+b^2$
② $(a+b)(a-b)=a^2-b^2$
③ $(x+a)(x+b)=x^2+(a+b)x+ab$
④ $(ax+b)(cx+d)=acx^2+(ad+bc)x+bd$

19 $0<x<3$일 때, $\sqrt{(x-3)^2}$의 값은?

① $-x+3$　② $-x-3$
③ $x+3$　④ $x-3$

$0<x<3$에서 $\sqrt{(x-3)^2}=|x-3|=-(x-3)=-x+3$

20 임의의 두 정수 a, b에 대하여 연산 □가 $a \square b = ab-(a+b)$로 정의될 때, 다음 식의 계산으로 옳은 것은?

> $7 \square 4$

① 17 ② 18
③ 19 ④ 20

정답 해설
$$7 \square 4 = 7\times4-(7+4) = 28-11 = 17$$

[21~22] 임의의 두 정수 A, B가 다음과 같이 정의될 때, 다음 식의 계산으로 알맞은 것을 고르시오.

총 문항 수 : 2문항 | 총 문제풀이 시간 : 1분 | 문항당 문제풀이 시간 : 15~45초

> A♤B$=(A+B)-AB$
> A⊙B$=A^2+B^2$

21 5♤3

① 8 ② 7
③ −8 ④ −7

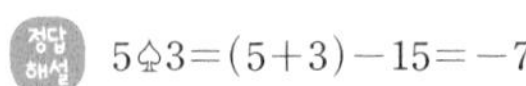
정답 해설 5♤3$=(5+3)-15=-7$

22 2⊙(3♤1)

① 5 ② 6
③ 7 ④ 8

정답 해설 2⊙(3♤1)=2⊙{(3+1)−3}
=2⊙1=2^2+1^2=5

[23~24] 임의의 두 정수 A, B가 다음과 같이 정의될 때, 다음 식의 계산으로 알맞은 것을 고르시오.

총 문항 수 : 2문항 | 총 문제풀이 시간 : 1분 15초 | 문항당 문제풀이 시간 : 15초~1분

A◈B=AB−3A+2B

A♧B=$\frac{A+B}{A-B}\div 5$

23 4◈6

① 17 ② 24
③ 27 ④ 32

정답 해설 4◈6=24−12+12=24

이 문제 중요!

24 (3♧2)◈4

① 7 ② 8

③ 9 ④ 10

정답 해설 $(3♧2)◈4=\left\{\left(\frac{3+2}{3-2}\right)\div 5\right\}◈4$

$=1◈4=4-3+8=9$

소요시간		채점결과	
목표시간	15분	총 문항수	24문항
실제 소요시간	( )분 ( )초	맞은 문항 수	( )문항
초과시간	( )분 ( )초	틀린 문항 수	( )문항

기출유형분석

문제풀이 시간 : 5초

▶ 다음 A, B의 대소를 비교한 것으로 옳은 것을 고르시오.

A : 100kg
B : 1톤

① A>B　　② A<B
③ A=B　　④ 알 수 없다

1톤(t)=1,000kg이므로
∴ A<B

정답 ②

[01~04] 다음 A, B의 대소를 비교한 것으로 옳은 것을 고르시오.

총 문항 수 : 4문항 | 총 문제풀이 시간 : 1분 | 문항당 문제풀이 시간 : 5초

01 **A : 1,000cm**
B : 10m

① A>B　　② A<B
③ A=B　　④ 알 수 없다

정답 해설
1m=100cm에서
10m=1,000cm이므로
∴ A=B

이 문제 중요!

02

A : 0.25

B : $\frac{2}{5}$

① A>B ② A<B

③ A=B ④ 알 수 없다

정답 해설 B : $\frac{2}{5}=0.4$

∴ A<B

03

A : $4+\frac{1}{13}$

B : $4+\frac{1}{17}$

① A>B ② A<B

③ A=B ④ 알 수 없다

정답 해설 A : $4+\frac{1}{13}=\frac{53}{13}=\frac{901}{221}$

B : $4+\frac{1}{17}=\frac{69}{17}=\frac{897}{221}$

∴ A>B

04 $A : (+4)-(-11)$
$B : (-3)\cdot(-5)$

① A>B
② A<B
③ A=B
④ 알 수 없다

정답 해설 $A : (+4)-(-11)=4+11=15$
$B : (-3)\cdot(-5)=15$
$\therefore A=B$

[05~10] 다음 빈칸에 들어갈 수 있는 것을 고르시오.

총 문항 수 : 6문항 | 총 문제풀이 시간 : 30초 | 문항당 문제풀이 시간 : 5초

05 $\frac{13}{3}<(\quad\quad)<5.2$

① $\frac{5}{3}$
② $\frac{24}{5}$
③ $\frac{29}{7}$
④ $\frac{50}{9}$

정답 해설 $\frac{13}{3}=4.33\cdots$이므로

$4.33\cdots$보다 크고 5.2보다 작은 수는 ② $\frac{24}{5}=4.8$이다.

① $1.66\cdots$ ③ $4.142\cdots$ ④ $5.55\cdots$

06 $3\sqrt{5} < (\quad) < \sqrt{50}$

① $2\sqrt{11}$ ② $4\sqrt{3}$
③ $3\sqrt{6}$ ④ $5\sqrt{3}$

정답해설 $3\sqrt{5}=\sqrt{45}$이므로 $\sqrt{45}$보다 크고 $\sqrt{50}$보다 작은 수는 ② $4\sqrt{3}=\sqrt{48}$이다.
① $\sqrt{44}$ ③ $\sqrt{54}$ ④ $\sqrt{75}$

07 $-7.812 < (\quad) < -6.25$

① -7.821 ② -7.813
③ -6.26 ④ -6.24

정답해설 주어진 범위와 보기의 수를 수직선위에 표시해보면

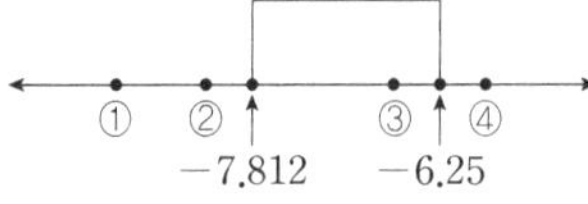

따라서 범위를 만족하는 수는 ③이다.

08 $\sqrt{3^2} < (\quad) < \sqrt{(-5)^2}$

① 1 ② 2
③ 3 ④ 4

정답해설 $\sqrt{3^2}=\sqrt{9}=3$이고,
$\sqrt{(-5)^2}=\sqrt{25}=5$이므로
3보다 크고 5보다 작은 수는 ④ 4이다.

09 $7^2 < (\quad) < 52.39$

① 50 ② 53

③ 54 ④ 56

정답해설 $7^2 = 49$이므로
49보다 크고 52.39보다 작은 수는 ① 50이다.

10 $\sqrt{144} < (\quad) < \frac{325}{25}$

① 10.4 ② 10.9

③ 11.7 ④ 12.8

정답해설 $\sqrt{144} = \sqrt{12^2} = 12$이고,
$\frac{325}{25} = 13$이므로
12보다 크고 13보다 작은 수는 ④ 12.8이다.

소요시간		채점결과	
목표시간	2분	총 문항수	10문항
실제 소요시간	( )분 ( )초	맞은 문항 수	( )문항
초과시간	( )분 ( )초	틀린 문항 수	( )문항

정답 06 ② | 07 ③ | 08 ④ | 09 ① | 10 ④

기출유형분석

문제풀이 시간 : 35초

▶ **A지점에서 120km 떨어진 B지점까지 평균 시속 80km로 왕복하였다. 갈 때는 시속 90km로 운전하였다면 올 때의 시속은 몇 km인가?**

① 70km ② 72km

③ 74km ④ 76km

올 때의 시속을 x(km)라 하면

시간$=\frac{거리}{속력}$이므로

$\frac{120}{90}+\frac{120}{x}=\frac{240}{80}$, $\frac{4}{3}+\frac{120}{x}=3$

$\frac{4x+360}{3x}=3$, $5x=360$

∴ 시속 72km

정답 ②

[01~15] 다음 물음에 알맞은 답을 고르시오.

총 문항 수 : 15문항 | 총 문제풀이 시간 : 12분 | 문항당 문제풀이 시간 : 15초~1분 10초

01 회사에서 서점까지 15km/h로 자전거를 타고 가면 왕복 1시간이 걸린다. 이때 회사에서 서점까지의 거리는?

① 7.5km ② 15km

③ 20km ④ 25km

거리＝속력×시간

왕복거리＝15km/h×1h＝15km

∴ 회사에서 서점까지의 거리는 7.5km

02 두 자연수의 합은 43이고 큰 수를 작은 수로 나누면 몫은 2이고 나머지가 7일 때, 큰 수의 값은?

① 30 ② 31
③ 32 ④ 33

정답 해설 두 자연수 중 큰 수를 x, 작은 수를 y라 하면

$x+y=43$

$x=2y+7$

즉 $(2y+7)+y=43$, $3y=36$

$y=12$이므로 $x=31$

∴ 큰 수$=31$

1DAY 2DAY 3DAY

03 원가가 a원인 운동화를 30%의 이익을 붙여 팔다가 다시 20%의 특별 할인을 하여 팔았다. 이때, 운동화를 하나 팔 때 남는 이익은 얼마인가?

① $0.02a$ ② $0.04a$
③ $0.06a$ ④ $0.08a$

정답 해설 운동화의 원가는 a, 정가는 $a\times(1+0.3)\times(1-0.2)=a\times1.3\times0.8=1.04a$

이때, 이익=정가−원가이므로

$1.04a-a=0.04a$

정답 01 ① | 02 ② | 03 ②

04 A는 아버지와 나이가 30세 차이가 난다. 2년 후엔 아버지의 나이가 A의 2배가 된다고 하면, 현재 A의 나이는?

① 28세 ② 29세
③ 30세 ④ 31세

정답해설 A의 나이를 x라 하면 아버지의 나이는 $x+30$
2년 후 A의 나이는 $x+2$, 아버지의 나이는 $(x+30)+2=x+32$
이때, 아버지의 나이가 A의 2배가 되므로
$x+32=2(x+2)$, $x+32=2x+4$, $x=28$
따라서 A의 현재 나이는 28세이다.

05 12%의 소금물 200g에서 몇 g의 물을 증발시켰더니 15%의 소금물이 되었다. 증발시킨 물의 양을 구하면?

① 15g ② 23g
③ 40g ④ 49g

정답해설 소금물의 농도(%)$=\frac{\text{소금의 양}}{\text{소금물의 양}}\times 100$이므로
증발시킨 물의 양을 x(g)이라 두면
12%의 소금물에서 소금의 양 : $\frac{12}{100}\times 200=24$(g),
15%의 소금물에서 소금의 양 : $\frac{15}{100}\times(200-x)$(g)
소금의 양은 변하지 않으므로 $24=\frac{15}{100}\times(200-x)$
$\therefore x=40$(g)

06 10%의 식염수 500g에서 물을 증발시켰더니 20%의 식염수가 되었다. 증발된 물의 양은?

① 150g　　② 200g

③ 250g　　④ 300g

정답 해설 10%의 식염수 500g에 있는 식염의 양 : $\frac{10}{100}\times500=50(g)$

$\frac{50}{500-x}\times100=20$ $\therefore x=250(g)$

07 어느 공원의 입장료가 어른은 2,500원, 어린이는 1,000원이다. 어른과 어린이를 합쳐서 20명이 입장하고 41,000원을 냈다면 입장한 어린이는 몇 명인가?

① 3명　　② 4명

③ 5명　　④ 6명

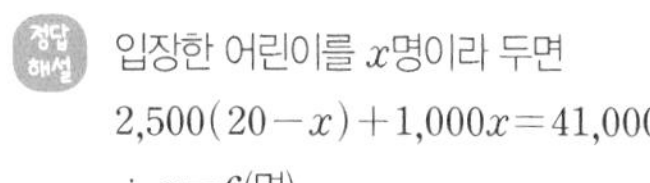

정답 해설 입장한 어린이를 x명이라 두면

$2,500(20-x)+1,000x=41,000$

$\therefore x=6$(명)

08 수영이는 문구점에서 공책과 연필을 사서 10,000원을 냈더니 1,900원을 거슬러 받았다. 공책의 가격은 1,200원, 연필의 가격은 300원이고 구입한 공책과 연필의 개수가 12개였다면, 공책을 몇 권 샀는가?

① 5권　　② 6권

③ 7권　　④ 8권

정답 04 ① | 05 ③ | 06 ③ | 07 ④ | 08 ①

정답 해설 공책의 개수는 x, 연필의 개수는 y라 할 때

$$\begin{cases} x+y=12 \\ 200x+300y=8,100 \end{cases}$$

$\therefore x=5$(권), $y=7$(개)

09 **경희 혼자 작업하면 12일, 수빈이 혼자 작업하면 16일이 걸리는 일이 있다. 이 일을 두 명이 같이 하게 될 때 걸리는 작업 시간은?**

① 약 7일 ② 약 8일
③ 약 9일 ④ 약 10일

정답 해설 전체 작업량을 1이라고 할 때

경희의 1일 작업량 : $\frac{1}{12}$

수빈이의 1일 작업량 : $\frac{1}{16}$

두 명이 같이 일할 때 작업량 : $\frac{1}{12}+\frac{1}{16}$

일을 모두 마치는 데 걸리는 시간 : $1\div\left(\frac{1}{12}+\frac{1}{16}\right)\fallingdotseq 6.85\cdots\cdots$

$\therefore$ 약 7일 걸린다.

10 **3종류의 빵과 5종류의 음료수가 있는 제과점에서 빵과 음료수를 각각 한 가지씩 고르는 모든 경우의 수를 구하면?**

① 10가지 ② 12가지
③ 14가지 ④ 15가지

정답 해설 3종류의 빵 중 한 가지를 고르는 것과 5종류의 음료수 중 한 가지를 고르는 사건은 동시에 일어나는 경우이다.

$\therefore 5\times3=15$(가지)

11 3일 안에 끝내야 할 일의 $\frac{1}{4}$을 첫째 날에 마치고, 남은 일의 $\frac{3}{5}$를 둘째 날에 마쳤다. 셋째 날 해야 할 일의 양은 전체의 몇 %인가?

① 25%　② 30%

③ 35%　④ 40%

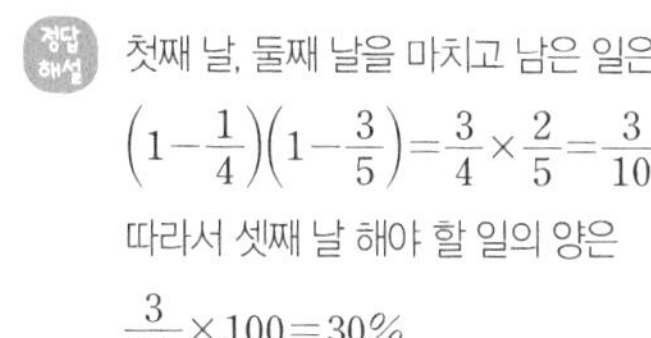

정답 해설 첫째 날, 둘째 날을 마치고 남은 일은

$\left(1-\frac{1}{4}\right)\left(1-\frac{3}{5}\right)=\frac{3}{4}\times\frac{2}{5}=\frac{3}{10}$

따라서 셋째 날 해야 할 일의 양은

$\frac{3}{10}\times100=30\%$

12 어떤 회사의 신입사원 채용시험 응시자가 400명이었다. 시험점수의 전체평균은 50점, 합격자의 평균은 80점, 불합격자의 평균은 40점이었다. 합격한 사람들은 몇 명인가?

① 85명　② 90명

③ 95명　④ 100명

정답 해설 합격한 사람을 x명, 불합격한 사람을 y명이라 하면

$x+y=400$ ⋯ ㉠

$80x+40y=50\times400$

$2x+y=500$ ⋯ ㉡

㉠, ㉡을 연립하면

$x=100,\ y=300$

따라서 합격한 사람은 100명이다.

13 주사위를 두 번 던질 때, 두 눈의 합이 5미만이 나올 확률은?

① $\frac{1}{5}$

② $\frac{1}{6}$

③ $\frac{1}{7}$

④ $\frac{1}{8}$

정답해설 (i) 두 눈의 합이 2인 경우 : (1, 1)

(ii) 두 눈의 합이 3인 경우 : (1, 2), (2, 1)

(iii) 두 눈의 합이 4인 경우 : (1, 3), (2, 2), (3, 1)

(i)~(iii)에 의해 두 눈의 합이 5미만이 나오는 경우의 수는 $1+2+3=6$가지

따라서 구하는 확률은 $\frac{6}{6\times6}=\frac{1}{6}$

14 오전 8시에 A열차와 B열차가 서울역에서 동시에 출발한다. A열차는 20분마다, B열차는 24분마다 출발할 때, 다음 두 열차가 동시에 출발하는 시각은 언제인가?

① 오전 9시

② 오전 9시 30분

③ 오전 10시

④ 오전 10시 30분

정답해설 두 열차가 서로 동시에 출발하는 시각의 간격은

20, 24의 최소공배수인 120분이다.

따라서 오전 8시에 두 열차가 동시에 출발했으므로

그 다음은 120분(2시간) 후인 오전 10시에 두 열차가 동시에 출발한다.

15 **주머니에 흰 공 3개, 파란 공 4개가 들어있다. 이 주머니에서 임의로 3개의 공을 동시에 꺼낼 때, 흰 공 1개와 파란 공 2개가 나올 확률은? (단, 모든 공의 크기와 모양은 같다고 한다.)**

① $\frac{18}{35}$　　② $\frac{19}{35}$

③ $\frac{5}{7}$　　④ $\frac{21}{35}$

정답 해설 흰 공 3개, 파란 공 4개의 총 7개의 공에서 3개의 공을 꺼내는 경우의 수는 ${}_7C_3$
흰 공 1개와 파란 공 2개를 꺼내는 경우의 수는 ${}_3C_1 \times {}_4C_2$
따라서 구하는 확률은 $\frac{{}_3C_1 \times {}_4C_2}{{}_7C_3} = \frac{18}{35}$

소요시간		채점결과	
목표시간	12분	총 문항수	15문항
실제 소요시간	( )분 ( )초	맞은 문항 수	( )문항
초과시간	( )분 ( )초	틀린 문항 수	( )문항

정답 13 ② | 14 ③ | 15 ①

기출유형분석

문제풀이 시간 : 1분

▶ 다음은 연도별 65세 이상 의료보장 적용인구 현황을 나타낸 표이다. 다음 물음에 알맞은 답을 고르시오. (01~02)

시도별	성별	2019년		2020년	
		전체 인구수(명)	65세 이상 인구수(명)	전체 인구수(명)	65세 이상 인구수(명)
서울	여성	5,144,429	693,261	5,158,922	710,991
	남성	4,973,919	546,883	4,923,643	561,150
부산	여성	1,763,972	288,297	1,771,723	300,574
	남성	1,728,585	217,783	1,733,167	228,182

01 2020년과 2019년의 서울 전체 인구수의 차이는?

① 32,783명
② 33,783명
③ 34,783명
④ 35,783명

정답 해설 2020년 서울의 전체 인구수는 5,158,922+4,923,643=10,082,565
2019년 서울의 전체 인구수는 5,144,429+4,973,919=10,118,348
따라서 차이는 10,118,348−10,082,565=35,783명이다.

02 다음 자료에 대한 설명으로 적절하지 않은 것은?

① 2019년 65세 이상 남성 인구수의 비율은 부산보다 서울이 더 높다.
② 부산의 65세 이상 여성 인구수의 비율은 점점 증가하고 있다.
③ 2020년과 2019년의 부산 전체 인구수의 차이는 12,333명이다.
④ 서울의 2020년 65세 미만 인구수는 남성보다 여성이 더 높다.

① 서울 $=\frac{546,883}{4,973,919}\times 100 \fallingdotseq 10.99$

부산 $=\frac{217,783}{1,728,585}\times 100 \fallingdotseq 12.59$

따라서 2019년 65세 이상 남성 인구수의 비율은 부산이 더 높다.

정답 01 ④ | 02 ①

[01~02] 다음은 2014년부터 2020년까지 S초등학교 학생들의 인터넷 이용률을 나타낸 표이다. 다음 물음에 알맞은 답을 고르시오.

총 문항 수 : 2문항 | 총 문제풀이 시간 : 1분 | 문항당 문제풀이 시간 : 30초

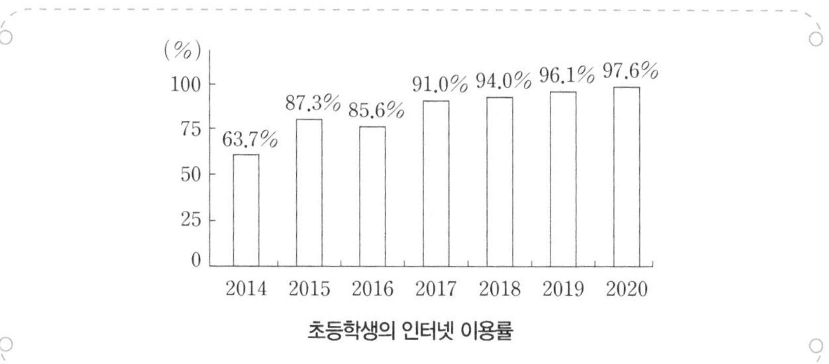

초등학생의 인터넷 이용률

01 **2016년도 초등학생의 수가 625명이고, 2018년도의 초등학생 수가 550명이라고 할 때, 인터넷을 이용하는 초등학생 수의 차이는?**

① 14명　② 16명

③ 18명　④ 20명

정답해설 2016년도에 인터넷을 이용한 초등학생의 수는 $625\times\frac{85.6}{100}=535$(명)

2018년도에 인터넷을 이용한 초등학생의 수는 $550\times\frac{94}{100}=517$(명)이므로

$\therefore 535-517=18$(명)

정답 01 ③

02 위의 표를 통해 유추할 수 없는 것은?

① 인터넷 이용 연령은 갈수록 낮아질 것이다.
② 인터넷 이용 기간이 길어지면서 정보습득이 빨라질 것이다.
③ 인터넷 활동을 통해 가상공간에서 다양한 경험을 쌓고 자기만족감을 높일 수 있다.
④ 자녀의 인터넷 이용 실태를 파악하고 관리하는 부모들의 노력이 요구된다.

 정보습득이 빨라질 수는 있지만 그 결과가 반드시 긍정적인 영향을 미치는 것은 아니다.

[03~04] 다음은 K대학의 학생 수와 전공분포표이다. 다음 물음에 답하시오.

총 문항 수 : 2문항 | 총 문제풀이 시간 : 1분 30초 | 문항당 문제풀이 시간 : 45초

[표1] K대학 학생 수

학년	남학생(명)	여학생(명)
1	303	259
2	215	109
3	182	88
4	160	84
합계	860	540

[표2] K대학 전공분포

전공	비율
인문과학	33%
사회과학	30%
자연과학	27%

03 1학년 남학생과 2학년 여학생의 비율은 약 얼마인가?

① 1:1　② 2:1
③ 3:1　④ 4:1

 1학년 남학생 303명, 2학년 여학생 109명이므로
303:109≒3:1

04 위의 자료로부터 바르게 유추한 것은?

가. 자연과학을 전공하는 남학생의 수가 동일 전공의 여학생 수보다 많다.
나. 전체 학생의 50% 이상이 사회과학이나 자연과학을 전공한다.
다. 인문과학을 전공하는 여학생의 수가 동일 전공의 남학생 수보다 1.5배 많다.
라. 4학년 중 여학생 대비 남학생의 비율은 2보다 작다.

① 가, 나　　② 가, 다
③ 나, 다　　④ 나, 라

정답 해설 가, 다. 남학생과 여학생이 전공하는 과목은 제시된 표로는 알 수 없다.

[05~06] 다음은 어떤 도시의 2020년 산업별 사업체 수와 성별 종사자 수를 나타낸 것이다. 다음 물음에 답하시오.

총 문항 수 : 2문항 | 총 문제풀이 시간 : 4분 30초 | 문항당 문제풀이 시간 : 30초~4분

구분	사업체 수(개)	남성 종사자 수(명)	여성 종사자 수(명)
농업 및 축산업	40	228	36
어업	12	174	25
제조업	4,550	47,512	21,230
건설업	264	3,163	797
서비스업	12,670	73,274	37,658
기타	335	1,421	1,214

05 건설업의 사업체당 평균 종사자 수는 얼마인가?

① 14명　② 15명
③ 16명　④ 17명

건설업의 사업체당 평균 종사자 수를 구하기 위해서는 건설업의 총 종사자 수를 사업체 수로 나누어 주면 된다.

$\frac{3,163+797}{264}=15$(명)

06 다음 중 남성의 고용비율이 가장 높은 산업은? (단, 소수 첫째 자리에서 반올림 한다.)

① 농업 및 축산업　② 어업
③ 제조업　④ 건설업

각 산업별 남성의 고용비율을 구하면 다음과 같다.

② 어업 : $\frac{174}{174+25}\times100=87(\%)$

① 농업 및 축산업 : $\frac{228}{228+36}\times100=86(\%)$

③ 제조업 : $\frac{47,512}{47,512+21,230}\times100=69(\%)$

④ 건설업 : $\frac{3,163}{3,163+797}\times100=80(\%)$

[07~08] 다음은 지하층이 없고 건물마다 각 층의 바닥면적이 동일한 건물들에 대한 건물 정보이다. 다음 물음에 답하시오.

총 문항 수 : 2문항 | 총 문제풀이 시간 : 3분 | 문항당 문제풀이 시간 : 1분 30초

건물명	건폐율(%)	대지면적(m^2)	연면적(m^2)
A	50	300	600
B	60	300	1,080
C	60	200	720
D	50	200	800

※ 건폐율 $=\frac{\text{건축면적}}{\text{대지면적}}\times 100$

※ 건축면적 = 건물 1층의 바닥면적

※ 연면적 = 건물의 각 층 바닥면적의 총합

이 문제 중요!

07 A~D 중 건축면적이 두 번째로 넓은 건물은?

① A ② B

③ C ④ D

정답해설 각 건물의 건축면적을 x라 하면

A의 건축면적 : $\frac{x}{300}\times 100=50,\ x=150(m^2)$

B의 건축면적 : $\frac{x}{300}\times 100=60,\ x=180(m^2)$

C의 건축면적 : $\frac{x}{200}\times 100=60,\ x=120(m^2)$

D의 건축면적 : $\frac{x}{200}\times 100=50,\ x=100(m^2)$

∴ 건축면적이 두 번째로 넓은 건물 : A

정답 05 ② | 06 ② | 07 ①

이 문제 중요!

08 A~D 중 층수가 잘못 표기된 것은?

① A – 3층　　② B – 6층

③ C – 6층　　④ D – 8층

정답 해설 앞에서 구한 건축면적을 이용하면 쉽게 구할 수 있다.

층수는 연면적을 건축면적으로 나눈 것과 같으므로,

- A의 층수 : 600÷150=4(층)
- B의 층수 : 1,080÷180=6(층)
- C의 층수 : 720÷120=6(층)
- D의 층수 : 800÷100=8(층)

∴ A의 층수가 잘못 표기되었다.

소요시간		채점결과	
목표시간	10분	총 문항수	8문항
실제 소요시간	(　)분 (　)초	맞은 문항 수	(　　)문항
초과시간	(　)분 (　)초	틀린 문항 수	(　　)문항

2DAY

추리능력검사

1. 수추리

기출유형분석 | 문제풀이 시간 : 15초

▶ 일정한 규칙으로 수를 나열할 때, 빈칸 안에 들어갈 알맞은 숫자를 고르시오.

1 3 3 9 27 ( )

① 243
② 256
③ 280
④ 301

정답해설 앞의 두 항을 곱했을 때 뒤의 항이 나옴을 알 수 있다.
$3=1\times3$, $9=3\times3$, $27=3\times9$
따라서 빈칸 안에 들어갈 숫자는 $9\times27=243$

정답 ①

[01~13] 다음에 나열된 숫자의 공통된 규칙을 찾아 빈칸에 들어갈 알맞은 숫자를 고르시오.

총 문항 수 : 13문항 | 총 문제풀이 시간 : 3분 10초 | 문항당 문제풀이 시간 : 15~25초

01 2 3 6 8 10 13 ( )

① 17
② 16
③ 15
④ 14

정답 해설 홀수 항은 4씩 더하는 수열이고, 짝수 항은 5씩 더하는 수열이다.
따라서 빈칸 안에 들어갈 숫자는 7번째 항이므로 10+4=14

02 **7 11 14 16 ( ) 17 16**

① 17 ② 18
③ 19 ④ 20

정답 해설

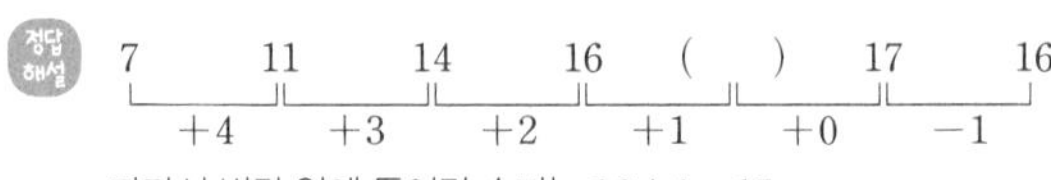

따라서 빈칸 안에 들어갈 숫자는 16+1=17

03 **1 2 0 4 −4 12 ( )**

① −32 ② −20
③ −12 ④ −8

정답 해설

1 2 0 4 −4 12 ( )
+1 −2 +4 −8 +16 −32
×(−2) ×(−2) ×(−2) ×(−2) ×(−2)

이 문제 중요!

04 1 1 2 3 5 8 ( )

① 12 ② 13

③ 14 ④ 15

정답 해설 1+1=2, 1+2=3, 2+3=5, 3+5=8, 5+8=( )

05 3 9 12 36 39 ( )

① 121 ② 117

③ 45 ④ 39

정답 해설

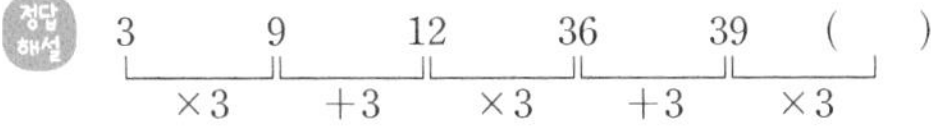

06 7 5 15 11 55 49 ( )

① 42 ② 43

③ 343 ④ 385

정답 해설

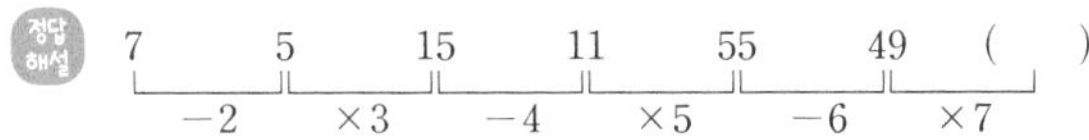

정답 02 ① | 03 ② | 04 ② | 05 ② | 06 ③

07

10　12　16　24　(　)　72　136

① 32　② 36

③ 40　④ 44

정답 해설

10　12　16　24　(　)　72　136

$+2$　$+2^2$　$+2^3$　$+2^4$　$+2^5$　$+2^6$

08

32　36　28　45　22　52　14　(　)

① 28　② 44

③ 56　④ 57

정답 해설

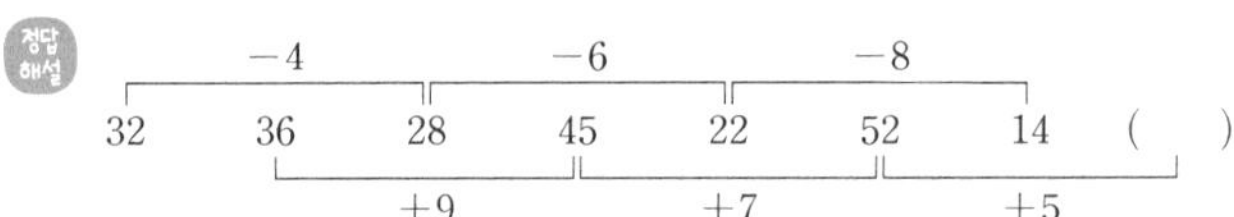

09

3　15　12　60　57　(　)

① 54　② 171

③ 275　④ 285

정답 해설

3　15　12　60　57　(　)

×5　−3　×5　−3　×5

10 **3 　 −6 　 (　) 　 −24 　 48**

① −18 　 ② −12

③ 12 　 ④ 18

정답해설

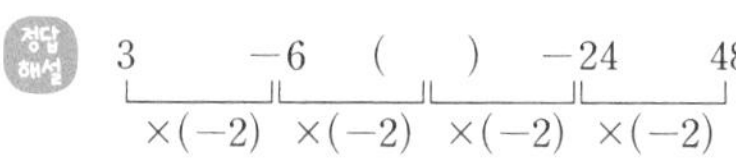

따라서 빈칸 안에 들어갈 숫자는 $-6\times(-2)=12$

11 **30 　 10 　 12 　 (　) 　 6 　 2**

① 3 　 ② 4

③ 5 　 ④ 6

정답해설

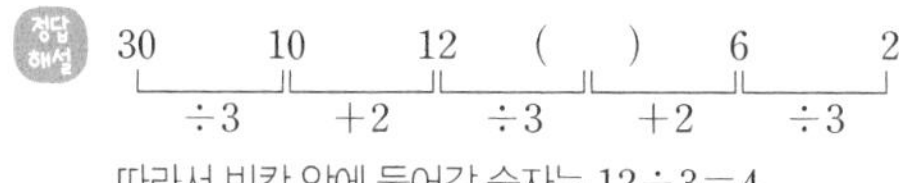

따라서 빈칸 안에 들어갈 숫자는 $12\div3=4$

12 **0.4 　 0.8 　 1.2 　 (　) 　 3.2 　 5.2**

① 1.8 　 ② 2.0

③ 2.2 　 ④ 2.4

정답해설 앞의 두 항을 더하면 뒤의 항이 나오는 수열이므로
빈칸 안에 들어갈 숫자는 $0.8+1.2=2$

정답 07 ③ | 08 ④ | 09 ④ | 10 ③ | 11 ② | 12 ②

13 $\frac{5}{3}$ $\frac{10}{9}$ $\frac{20}{27}$ ( ) $\frac{80}{243}$

① $\frac{35}{81}$
② $\frac{40}{81}$
③ $\frac{45}{81}$
④ $\frac{50}{81}$

정답 해설 분모는 ×3씩 늘어나고, 분자는 ×2씩 늘어나는 수열이므로
빈칸 안에 들어갈 숫자는 $\frac{20\times2}{27\times3}=\frac{40}{81}$

[14~15] 밑줄 친 숫자들의 공통된 규칙을 찾아 빈칸에 들어갈 알맞은 숫자를 고르시오.

총 문항 수 : 2문항 | 총 문제풀이 시간 : 40초 | 문항당 문제풀이 시간 : 15~20초

14 11 33 99 1 3 9 7 ( ) 63

① 18
② 19
③ 20
④ 21

정답 해설 $11\times3=33$, $33\times3=99$
$1\times3=3$, $3\times3=9$
$7\times3=(21)$, $(21)\times3=63$
따라서 빈칸 안에 들어갈 숫자는 21

15 5 4 8 7　10 9 4 3　1 0 (　　) −2

① 2　　② 1

③ 0　　④ −1

정답 해설 첫 번째 수는 두 번째 수보다 1이 크고, 세 번째 수 역시 네 번째 수보다 1이 크다.
따라서 빈칸 안에 들어갈 숫자는 $(-2)+1=-1$

소요시간		채점결과	
목표시간	3분 50초	총 문항수	15문항
실제 소요시간	(　)분 (　)초	맞은 문항 수	(　　)문항
초과시간	(　)분 (　)초	틀린 문항 수	(　　)문항

정답 13 ② | 14 ④ | 15 ④

2. 문자추리

기출유형분석

문제풀이 시간 : 40초

▶ 다음 나열된 문자의 공통된 규칙을 찾아 빈칸에 들어갈 알맞은 문자를 고르시오.

A D G ( ) M

① H ② I
③ J ④ K

정답해설 A(1) D(4) G(7) ( ) M(13)
+3 +3 +3 +3
따라서 빈칸에 들어갈 문자는 J(10)이다.

핵심정리 문자가 나열된 수열을 풀 때에는 알파벳 또는 한글의 자음 · 모음을 순서대로 숫자에 대응하여 해결하여야 한다. 이를 표로 나타내어 보면 다음과 같다.

1	2	3	4	5	6	7	8	9	10	11	12	13	14	15	16	17
A	B	C	D	E	F	G	H	I	J	K	L	M	N	O	P	Q
ㄱ	ㄴ	ㄷ	ㄹ	ㅁ	ㅂ	ㅅ	ㅇ	ㅈ	ㅊ	ㅋ	ㅌ	ㅍ	ㅎ			
ㅏ	ㅑ	ㅓ	ㅕ	ㅗ	ㅛ	ㅜ	ㅠ	ㅡ	ㅣ							

18	19	20	21	22	23	24	25	26
R	S	T	U	V	W	X	Y	Z

정답 ③

[01~09] 다음 나열된 문자의 공통된 규칙을 찾아 빈칸에 들어갈 알맞은 문자를 고르시오.

총 문항 수 : 9문항 | 총 문제풀이 시간 : 4분 | 문항당 문제풀이 시간 : 30초

01 Z V R N J F ( )

① B ② C
③ D ④ F

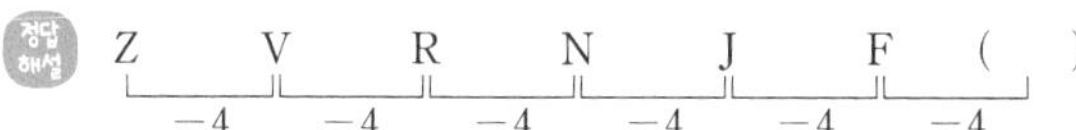

정답 해설 Z V R N J F ( ) : −4 −4 −4 −4 −4 −4

1DAY 2DAY 3DAY

02 O K N J M ( )

① H ② I
③ K ④ L

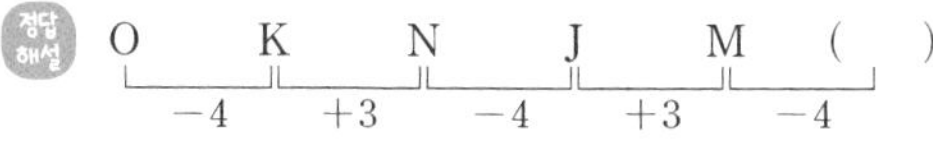

정답 해설 O K N J M ( ) : −4 +3 −4 +3 −4

정답 01 ① | 02 ②

03 L K I F ( )

① D ② C

③ B ④ A

정답해설

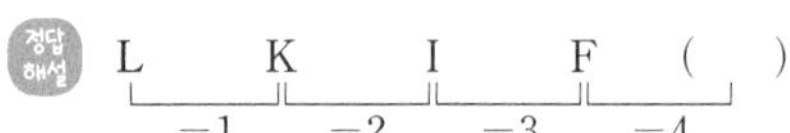

04 Q T N Q K ( )

① E ② G

③ M ④ N

정답해설

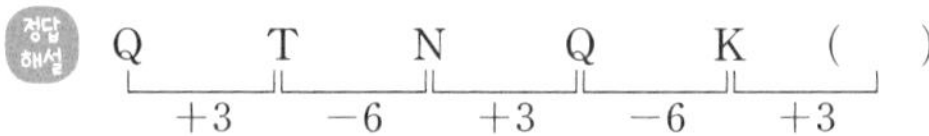

05 ㅅ ㅂ ㅇ ㅁ ( )

① ㄴ ② ㄷ

③ ㅈ ④ ㅊ

정답해설

ㅅ ㅂ ㅇ ㅁ ( )

−1 +2 −3 +4

06 ㄹ ㅁ ㅅ ㅇ ㅊ ㅋ ( )

① ㅌ ② ㅍ
③ ㅎ ④ ㄱ

정답 해설 ㄹ ㅁ ㅅ ㅇ ㅊ ㅋ ( )
+1 +2 +1 +2 +1 +2

1DAY 2DAY 3DAY

07 가 가 나 다 마 ( ) 파

① 아 ② 자
③ 차 ④ 카

정답 해설 가(1)+가(1)=나(2), 가(1)+나(2)=다(3), 나(2)+다(3)=마(5),
다(3)+마(5)=( ), 마(5)+( )=파(13)

08 나 다 마 아 ( ) 다 자

① 카 ② 타
③ 파 ④ 하

정답 해설 나 다 마 아 ( ) 다 자
+1 +2 +3 +4 +5 +6

정답 03 ③ | 04 ④ | 05 ③ | 06 ② | 07 ① | 08 ②

09 ㄱ C ㅁ G ( ) K

① ㅇ ② ㅈ

③ H ④ J

정답 해설

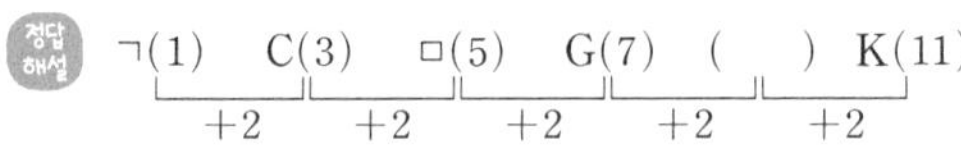

자음과 영어알파벳이 순서대로 반복되므로
빈칸에 들어갈 문자는 자음의 ㅈ(9)이다.

[10~12] 다음 중 규칙이 다른 하나를 고르시오.

총 문항 수 : 3문항 | 총 문제풀이 시간 : 75초 | 문항당 문제풀이 시간 : 25초

10

① B－E－H－K ② ㅑ－ㅗ－ㅠ－ㅣ

③ 2－5－8－11 ④ ㄴ－ㅁ－ㅇ－ㅋ

정답 해설 ② ㅑ(2)－ㅗ(5)－ㅠ(8)－ㅣ(10)
①, ③, ④ 2－5－8－11이므로 규칙이 다른 하나는 ②이다.

11

① 로루류르　② 노누뉴느

③ 소수슈스　④ 프푸퓨프

정답 해설 ④에서 모음이 'ㅡㅜㅠㅡ'이고,
①, ②, ③에서 모음이 'ㅗㅜㅠㅡ'이므로 규칙이 다른 하나는 ④이다.

12

① 5 − ㅓ − G − ㅁ　② b − 5 − ㅠ − ㅋ

③ ⓓ − ㄴ − ㅛ − iv　④ ㅓ − i − ㅁ − C

정답 해설 ②에서 +3씩 늘어나고 있고,
①, ③, ④에서 (-2), $(+4)$가 반복되고 있으므로 규칙이 다른 하나는 ②이다.

소요시간		채점결과	
목표시간	4분 75초	총 문항수	12문항
실제 소요시간	(　)분 (　)초	맞은 문항 수	(　　)문항
초과시간	(　)분 (　)초	틀린 문항 수	(　　)문항

정답 09 ② | 10 ② | 11 ④ | 12 ②

3. 언어추리

기출유형분석

문제풀이 시간 : 40초

▶ 다음 주어진 조건이 모두 참일 때 빈칸에 들어갈 문장으로 항상 옳은 것을 고르시오.

> 흰색 토끼는 빠르다.
> 흰색이 아닌 모든 토끼는 크다.
> 그러므로 ______________

① 빠른 토끼는 크다.

② 흰색이 아닌 토끼는 크다.

③ 작은 토끼는 느리다.

④ 느린 토끼는 모두 크다.

A : 흰색이다, B : 빠르다, C : 크다
라고 하면 $A \to B$, $\sim A \to C$가 참이므로 $\sim B \to \sim A \to C$가 성립한다.
즉, 빈칸에는 $\sim B \to C$ 혹은 그 대우인 $\sim C \to B$가 들어가야 하므로
④이 참인 문장이다.

명제의 참과 거짓을 판단하는 경우 '대우관계'와 '삼단논법'이 많이 활용된다.

- **명제** : 판단을 언어로 표현한 것이다. 'p이면 q이다'라는 형태를 취한다.
- **삼단논법** : '닭은 새이다. 새는 동물이다. 따라서 닭은 동물이다'에서처럼 'p이면 q이다'가 참이고 'q이면 r이다'가 참이면 'p이면 r이다'도 참이 성립되는 것을 말한다.
- **대우** : 명제 'p이면 q이다'에 대하여 'q가 아니면 p가 아니다'를 그 명제의 '대우'라고 한다. 명제가 참인 경우 그 '대우'는 반드시 참이다. 그러나 어떤 명제가 참이라도 '역'이 반드시 참인 것은 아니다.

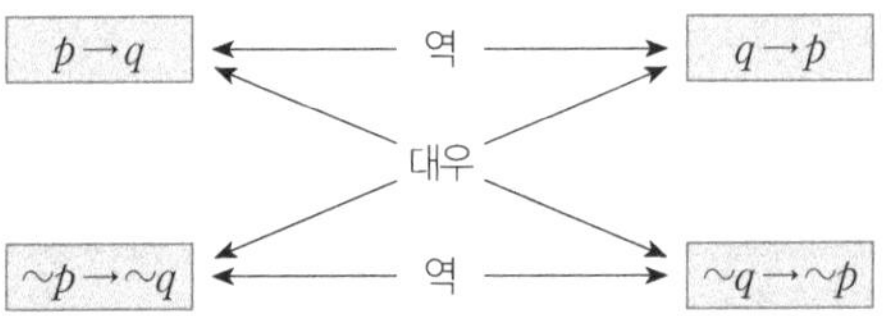

정답 ④

[01~04] 다음 주어진 조건이 모두 참일 때 빈칸에 들어갈 문장으로 항상 옳은 것을 고르시오.

총 문항 수 : 4문항 | 총 문제풀이 시간 : 1분 | 문항당 문제풀이 시간 : 15초

01

언제나 점심은 된장찌개 아니면 김치찌개이다.
오늘 점심은 된장찌개가 아니다.
따라서 ____________________

① 오늘 점심은 김치찌개이다.
② 오늘 저녁은 김치찌개이다.
③ 내일 저녁은 된장찌개이다.
④ 내일 점심은 된장찌개이다.

정답 해설 '언제나 점심은 된장찌개 아니면 김치찌개이다'라고 했으므로 점심에 된장찌개를 먹지 않았다면 김치찌개를 먹은 것이 된다. 또한 주어진 조건만으로는 저녁 메뉴가 무엇인지, 내일의 메뉴가 무엇인지는 알 수 없다.

정답 01 ①

02

택시는 버스보다 빠르다.
자전거는 버스보다 느리다.
따라서 ____________

① 버스가 자전거보다 느리다.
② 택시가 가장 빠르다.
③ 자전거가 택시보다 빠르다.
④ 자전거, 버스, 택시의 순으로 빠르다.

정답 해설 택시>버스>자전거 순으로 빠르다.

이 문제 중요!

03

모든 행성은 자전한다.
어떤 별을 행성이다.
그러므로 ____________

① 어떤 별은 공전한다.
② 모든 별은 공전한다.
③ 어떤 별은 자전한다.
④ 모든 별은 자전한다.

정답 해설 모든 행성은 자전하는데 어떤 별은 행성이므로 어떤 별도 자전한다. 또한 제시된 조건에서 공전은 논제의 대상이 아니다.

04

철수의 친아버지는 나잘난이다.
영희는 친아버지는 최고봉이다.
따라서 ________________

① 철수와 영희는 친남매이다.
② 철수의 친아버지는 '최' 씨가 아니다.
③ 철수의 어머니는 나겸손이다.
④ 영희의 친아버지는 '나' 씨이다.

정답 해설 ① 철수와 영희는 친남매가 될 수 없다.
③ 제시된 조건만으로는 알 수 없다.
④ 영희의 친아버지는 최고봉이므로 영희는 '최' 씨이다.

05 다음 제시된 문장이 항상 참이 되기 위해 생략되어 있는 것은?

- 민기는 영어를 유창하게 할 것이다.
- 역사에 관심이 많은 사람은 모두 영어를 유창하게 잘한다.

① 민기는 역사에 관심이 많다.
② 민기는 영어를 좋아한다.
③ 역사에 관심이 많은 사람은 영어를 좋아한다.
④ 영어를 잘하는 사람은 역사에 관심이 많다.

정답 해설 ① 민기가 영어를 잘하기 위해서는 역사에 관심이 많아야 한다.

정답 02 ② | 03 ③ | 04 ② | 05 ①

06 다음 문장으로부터 올바르게 추론한 것은?

A와 B는 같은 반이다.
C는 A의 옆 반이다.
D와 B는 같은 반이다.

① A와 C는 같은 반이다.
② B는 C의 옆 반이다.
③ A와 D는 다른 반이다.
④ B와 C는 같은 반이다.

정답해설 A, B, D는 같은 반이고, C는 A의 옆 반이므로 B도 C의 옆 반이다.

07 A, B, C, D의 4명 중 3명이 다음과 같이 말을 하였다. 이 중 한 명만이 거짓말을 하고 있다고 한다면 거짓말을 한 사람은 누구인가?

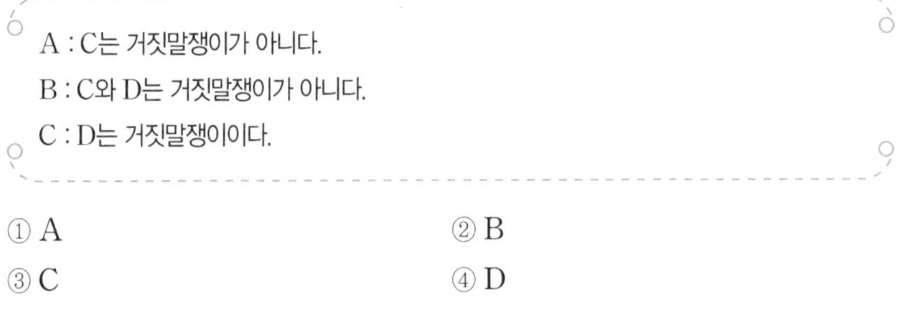

A : C는 거짓말쟁이가 아니다.
B : C와 D는 거짓말쟁이가 아니다.
C : D는 거짓말쟁이이다.

① A
② B
③ C
④ D

정답해설 ② B가 거짓말을 했을 경우 : C와 D 모두 거짓말쟁이이거나 C 또는 D가 거짓말쟁이라는 명제가 성립하므로 거짓말을 한 사람은 B이다.
① A가 거짓말을 했을 경우 : B의 말 역시 거짓이 되므로 옳지 않다.
③ C가 거짓말을 했을 경우 : B의 말 역시 거짓이 되므로 옳지 않다.
④ D는 말을 하고 있지 않다.

이 문제 주의!

08 A, B, C, D, E 다섯 사람이 다음과 같이 원탁에 둘러 앉아 있다.

- A로부터 한 사람 건너 B가 앉아 있다.
- B로부터 한 사람 건너 C가 앉아 있다.
- C와 D는 인접하여 앉아 있지 않다.

E와 인접하여 앉아 있는 사람은?

① A ② B

③ B, C ④ C, D

 조건에 의해 원탁에는 다음과 같이 앉아 있다.

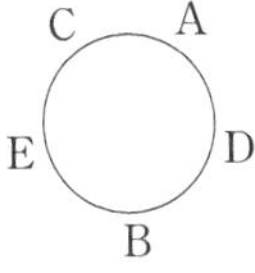

따라서 E와 인접하여 앉아 있는 사람은 B, C이다.

09 영진, 연주, 민경, 준성, 선경은 다섯 개의 의자에 일렬로 한 사람씩 앉아 있다. 맨 왼쪽 의자에는 연주가 앉아 있고, 왼쪽에서 세 번째 의자에 준성이가 앉아 있다. 영진의 오른쪽 옆에 선경이 앉아 있다면 왼쪽에서 두 번째 의자에는 누가 앉아 있는가?

① 영진 ② 선경

③ 민경 ④ 준성

정답 해설 연주 | 민경 | 준성 | 영진 | 선경 | 순으로 앉아 있으므로 왼쪽에서 두 번째 의자에는 민경이 앉아 있다.

10 다음 주어진 진술만을 가지고 판단할 때 항상 옳은 것은?

가. A는 B의 장모이다.
나. B와 C는 부부이다.
다. C는 D의 어머니이다.
라. E는 A의 외손녀이다.
마. C에게는 형제, 자매가 없다.

① D와 E는 남매이다.
② B는 E의 아버지이다.
③ C는 A의 사위이다.
④ A는 D의 친할아버지이다.

정답해설 주어진 조건으로 확인할 수 있는 것은 B와 C는 부부이며 A는 C의 어머니, D와 E는 B와 C의 자녀라는 것이다. 또한 B는 남자, A, C, E는 여자이며, D의 성별은 판단할 수 없다.
① 주어진 조건만으로는 D의 성별을 판단할 수 없다.
③ C는 A의 외동딸이다.
④ A는 E와 D의 외할머니이다.

11 어떤 교수가 수요일~금요일에 걸쳐 시험을 본다고 한 경우, 다음 조건을 만족시킨다면 경수는 무슨 요일에 누구와 시험을 보게 되는가? (단, 시험은 하루에 두 명씩 볼 수 있다.)

- 민희는 목요일에 시험을 본다.
- 수경은 수요일에 시험을 보지 않는다.
- 정민은 민희와 시험을 보지 않는다.
- 영철은 수경과 시험을 본다.
- 경수는 정민과 시험을 보지 않는다.

① 수요일, 정민
② 목요일, 민희
③ 금요일, 수경
④ 수요일, 영철

구분	수요일	목요일	금요일
민희		○	
수경			○
정민	○		
영철			○
경수		○	

조건에 따르면 위 표처럼 구분이 된다. 따라서 시험은 하루에 두 명씩 볼 수 있으므로 경수는 민희와 같이 목요일에 시험을 본다.

12 **빨간색, 파란색, 노란색, 검정색의 우산이 있다. 이 네 개의 우산이 각각 다른 사람의 것이라면 노란색 우산의 주인은 누구인가?**

- 정운이는 검정색의 우산을 가지고 있다.
- 수경이는 빨간색의 물건을 좋아한다.
- 경종이는 검정색과 노란색의 물건을 싫어한다.
- 미진이는 빨간색의 물건을 싫어한다.

① 미진　② 정운
③ 수경　④ 경종

정답 해설

다섯 명이 각자 이미 우산을 가지고 있거나, 선호하는 색을 정리해보면 다음과 같다.

○ : 좋아함, × : 싫어함

구분	빨간색	파란색	노란색	검정색
정운				있음
수경	○			
경종			×	×
미진	×			

따라서 정운은 검정색 우산, 수경은 빨간색 우산, 경종이는 파란색 우산이므로 미진이가 남은 노란색 우산의 주인이다.

정답 10 ② | 11 ② | 12 ①

13 다음은 형사가 혐의자 P, Q, R, S, T를 심문한 뒤 보고한 내용이다.

- 유죄는 반드시 두 명이다.
- Q와 R은 함께 유죄이거나 무죄일 것이다.
- P가 무죄라면 Q와 T도 무죄이다.
- S가 유죄라면 T도 유죄이다.
- S가 무죄라면 R도 무죄이다.

다음 중 유죄인 사람은?

① P, T ② Q, R
③ S, T ④ P, S

먼저 Q, R이 유죄라고 가정하면 P, S, T가 무죄가 되어야 한다.
하지만 S가 무죄일 때, R이 무죄라는 조건이 성립하지 않아 오류가 발생한다.
Q, R이 무죄라고 가정하고 P가 무죄라면 Q, T도 무죄여야 하기 때문에
P, R, Q, T가 무죄라는 오류가 발생한다.
따라서 Q, R이 무죄이고 P가 유죄, S가 무죄일 때 모든 조건을 만족하기 때문에
P, T가 유죄, Q, R, S가 무죄임을 알 수 있다.

14 A, B, C, D 네 사람은 오늘 세미나실, 회의실, 연구실, 강의실을 각각 한 부분씩 맡아서 정리해야 한다. 그런데 A는 세미나실과 회의실 정리를 싫어하고, B는 강의실 정리를 싫어하며, C는 세미나실 정리를 좋아하고, D는 연구실 정리를 원한다. 각자의 선호에 따라 정리를 할 때, 추론을 잘못한 것은?

① A는 강의실을 정리하게 될 것이다.
② B는 세미나실을 정리하게 될 것이다.
③ C는 세미나실을 정리하게 될 것이다.
④ D는 연구실을 정리하게 될 것이다.

정답 해설 네 명이 각각 선호하거나 혹은 싫어하는 구역을 정리해 보면 다음과 같다.

○ : 좋아함, × : 싫어함

구분	세미나실	회의실	연구실	강의실
A	×	×		
B				×
C	○			
D			○	

C는 세미나실, D는 연구실 정리를 좋아하므로 A는 강의실, B가 회의실을 정리할 것이다.

15 네 명의 직원 중 한 명이 모임에 빠졌다. 다음 중 한 명의 진술만 옳다고 했을 때, 규칙에 따라 해석할 경우 모임에 빠진 직원은?

- 이 대리 : "나는 안 빠졌어."
- 박 부장 : "강 과장이 빠졌어."
- 강 과장 : "이 대리가 빠졌어."
- 김 부장 : "박 부장이 빠졌고, 나는 안 빠졌어."

[규칙]

- 'A가 빠졌다.'의 거짓은 'A는 안 빠졌다.'이다.
- 'A는 빠졌고, B는 안 빠졌다.'의 거짓은 'A는 안 빠졌고, B는 빠졌다.'이다.

① 이 대리　　② 박 부장

③ 강 과장　　④ 김 부장

네 명의 직원 중 한 명만 참을 말하고 있으므로 다음과 같이 정리해보면

결과 / 가정	이 대리	박 부장	강 과장	김 부장
이 대리 참	참석	참석	참석	불참
박 부장 참	참석, 불참	참석	불참	불참
강 과장 참	불참	참석	참석	불참
김 부장 참	참석, 불참	불참	참석	참석

따라서 네 명의 직원 중 한 명만 모임에 빠졌으므로 이 대리의 말만 참이다.

∴ 빠진 직원＝김 부장

소요시간		채점결과	
목표시간	10분	총 문항수	15문항
실제 소요시간	(　)분 (　)초	맞은 문항 수	(　　)문항
초과시간	(　)분 (　)초	틀린 문항 수	(　　)문항

4. 과학추리

기출유형분석

문제풀이 시간 : 30초

▶ 질량이 일정할 때 물체의 운동 에너지(E_k)와 속력(V)과의 관계를 바르게 나타낸 그래프는?

① 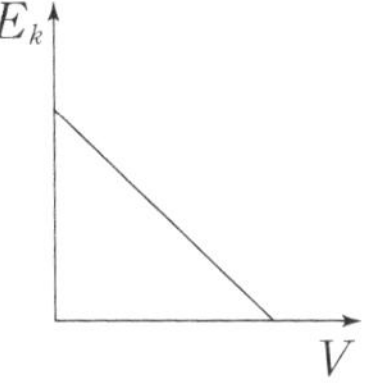

② 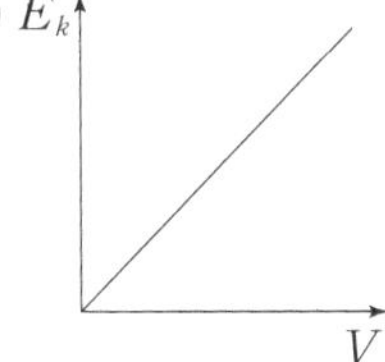

③ 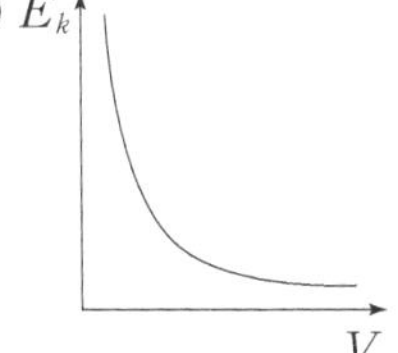

④ 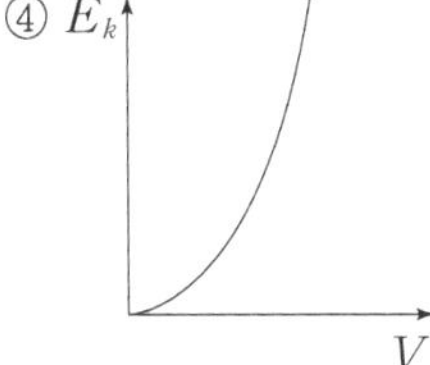

 운동에너지(E_k)$=\frac{1}{2}mv^2$이므로 보기 중 이에 해당하는 그래프는 ④이다.

핵심정리 **운동에너지**

질량이 m(kg)인 물체가 속력 v(m/s)로 운동할 때, 운동에너지는 질량에 비례하고 속력의 제곱에 비례한다.

정답 ④

[01~10] 다음 물음에 알맞은 답을 고르시오.

총 문항 수 : 10문항 | 총 문제풀이 시간 : 3분 | 문항당 문제풀이 시간 : 20초

01 어떤 역도 선수가 지구에서 최대 186kg까지 역기를 들 수 있다면, 이 선수는 달에서 최대 몇 kg까지 들 수 있나?

① 744kg ② 930kg

③ 1,116kg ④ 1,302kg

정답해설 달 표면에서의 중력은 지구에서의 중력의 $\frac{1}{6}$이므로 무게도 지구의 $\frac{1}{6}$이다.

따라서 이 선수는 달에서 최대 1,116kg까지 들 수 있다.

02 식물에게 비료를 지나치게 많이 주면 식물이 죽게 된다. 그 이유로 가장 적절한 것은?

① 영양분의 과다섭취 때문

② 식물의 뿌리에 있던 수분이 땅으로 흡수되기 때문

③ 식물의 뿌리가 산성으로 변하기 때문

④ 비료가 지나치게 많으면 비료의 작용을 하지 않기 때문

정답해설 평상시에는 땅의 농도가 낮기 때문에 땅에 있는 수분이 뿌리로 흡수되지만 비료를 지나치게 많이 주게 되면 땅의 농도가 식물의 뿌리보다 높아져서 뿌리에 있는 수분이 땅으로 흡수되게 된다.

03 높은 산 위에서 밥을 지을 때 솥 위에 무거운 돌을 올려놓기도 하는 이유는 무엇인가?

① 기압이 낮기 때문　　② 기압이 높기 때문

③ 끓는점이 높아지기 때문　　④ 물이 빨리 증발되기 때문

정답해설 액체는 주위의 압력이 높아지면 끓는점도 높아지고 주위의 압력이 낮으면 끓는점도 낮아진다. 높은 산 위는 기압, 즉 공기를 누르는 힘이 낮기 때문에 끓는점이 낮아 물이 섭씨 100도가 되기 전에 끓어 쌀이 덜 익게 된다. 따라서 높은 산 위에서 밥을 지을 때 솥 위에 무거운 돌을 올리는 것은 기압을 높이는 효과를 얻기 위해서이다.

1DAY 2DAY 3DAY

이 문제 주요!

04 질량이 각각 2kg과 1kg인 물체 A와 B가 충돌하여 B만 부서졌다면 이는 무엇 때문인가?

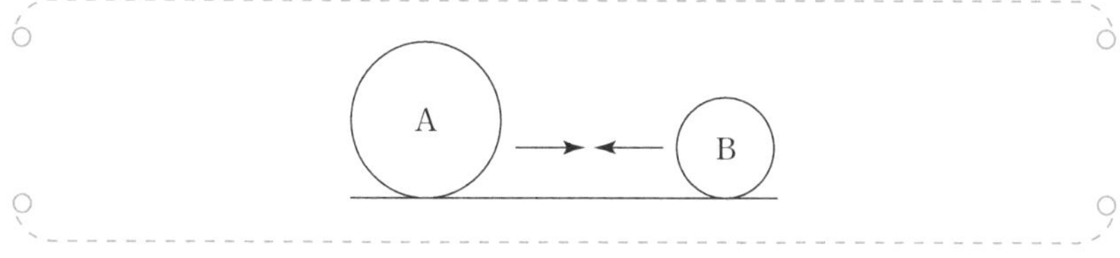

① 작용하는 힘　　② 가속도

③ 충격량　　④ 힘이 작용하는 시간

정답해설 충돌에 의해 발생하는 충격 가속도의 크기는 질량(m)에 반비례한다. 따라서 질량이 다른 두 물체가 충돌하는 경우, 두 물체에 발생하는 충격력의 크기는 동일하지만 상대적으로 질량이 작은 물체에는 더 큰 충격 가속도가 발생하게 된다.

정답 01 ③ | 02 ② | 03 ① | 04 ②

05 **A와 B 중에서 어느 쪽이 먼저 떨어지는가? (단, 공기저항은 무시한다.)**

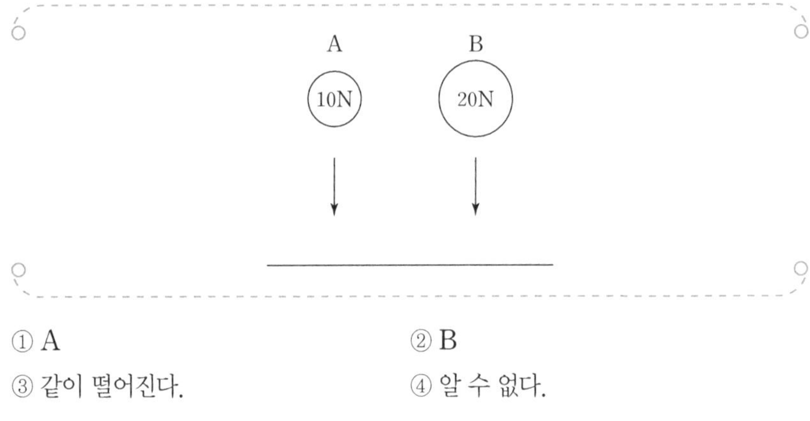

① A
② B
③ 같이 떨어진다.
④ 알 수 없다.

정답 해설 중력과 가속도가 같으면 떨어지는 속도는 질량과 관계없이 같다.

06 **달리던 버스가 멈추자 컵 속의 물이 그림과 같은 모양으로 움직였다. 버스가 달리고 있던 방향은?**

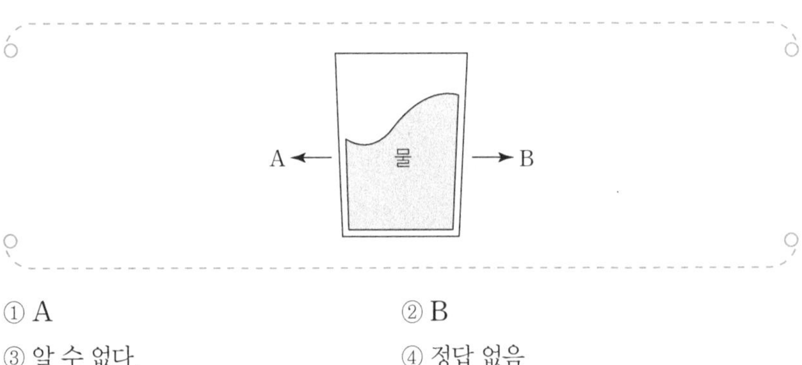

① A
② B
③ 알 수 없다.
④ 정답 없음

정답 해설 관성의 법칙이다. 달리던 버스가 멈추는 순간, 컵 속의 물은 원래 버스가 달려가던 방향을 향해 움직이게 된다.

07 다음의 그림과 같은 원리로 이용되는 것은?

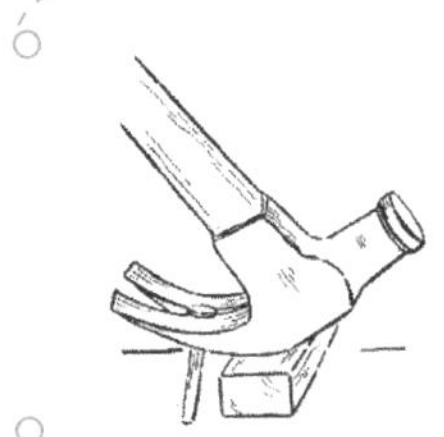

장도리란 못을 박거나 뽑는 데 사용하는 도구로 한쪽의 머리로는 못을 박거나 물체를 부수는 데 사용하고 다른 한쪽의 머리로는 못을 뽑을 수 있다. 못을 뽑는 쪽의 머리는 노루발처럼 갈라져 있어 그 사이에 못의 머리를 끼워 당기면 아무리 깊이 박힌 못도 쉽게 뺄 수 있다.

① 냉장고 ② 병따개
③ 계단 ④ 사다리

정답 해설 장도리로 못을 빼는 원리는 지렛대의 원리를 이용한 것으로 이와 같은 원리를 이용한 것은 병따개, 손톱깎이, 손수레 등이 있다.

08 다음 그림처럼 책상 위에 책이 놓여 있을 때, 책에 작용하는 중력은 책상이 책을 위로 미는 힘과 평형을 이루어 정지하게 된다. 그렇다면 중력에 대한 반작용은 무엇인지 고르면?

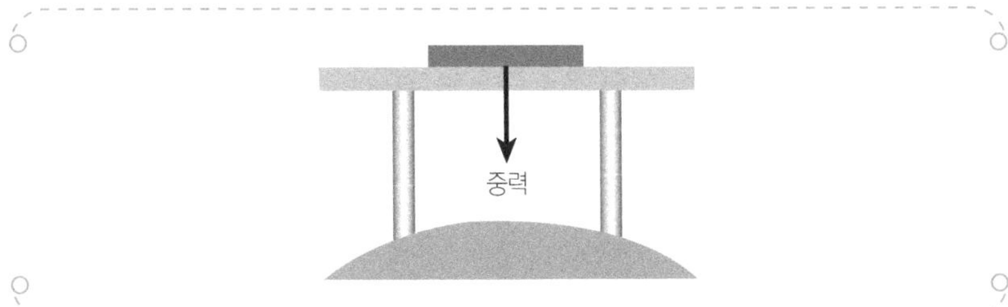

① 책이 책상을 미는 힘 ② 책상이 바닥을 미는 힘
③ 책상이 물체를 받치는 힘 ④ 책이 지구를 잡아당기는 힘

정답해설 지구가 물체를 잡아당기는 힘이 중력으로 이것의 반작용은 물체(책)가 지구를 잡아당기는 힘이다.

TIP 작용·반작용의 법칙

작용 · 반작용은 뉴턴의 운동법칙 중 제3법칙이다. 이는 두 물체 사이에서 일어나는 힘으로 물체 A가 물체 B에게 어떤 힘을 가하면(작용), 물체 B도 물체 A에게 똑같은 크기의 힘을 가한다(반작용)는 법칙이다.

09 다음 그림에서 물체를 들어 올리는데 필요한 최소한의 힘 F의 크기는? (단, 실의 질량과 모든 마찰은 무시한다.)

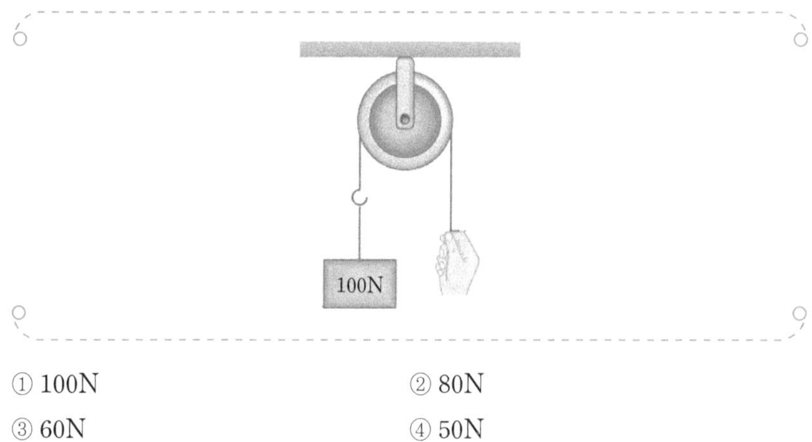

① 100N ② 80N

③ 60N ④ 50N

정답해설 고정 도르래의 경우 힘과 이동 거리에 이득이 없고 힘의 방향을 바꿀 수 있다. 따라서 물체를 들어 올리는데 필요한 최소한의 힘은 100N이다.

10 다음 그림과 같은 궤도를 가진 공의 운동에 관한 설명 중 옳지 않은 것은? (단, 공기 저항은 무시한다.)

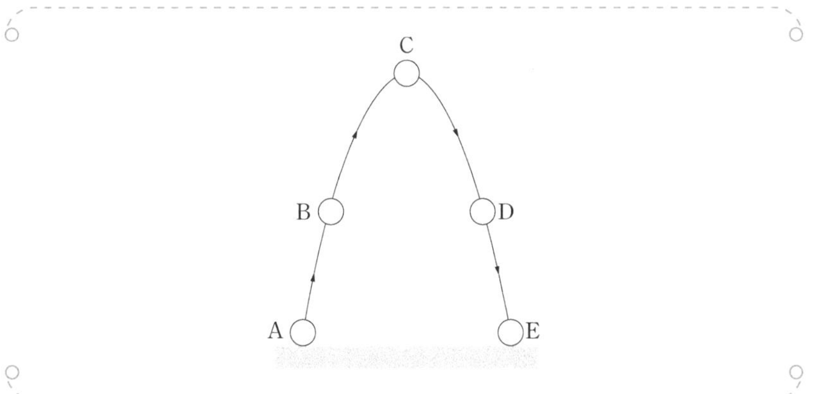

① A에서 C로 갈수록 위치에너지가 증가한다.

② C에서 E로 갈수록 운동에너지가 증가한다.

③ C에서 운동에너지가 최대이다.

④ B와 D의 역학적 에너지는 같다.

1DAY 2DAY 3DAY

정답 해설 C의 경우 운동에너지는 최소이고, 위치에너지는 최대이다. 따라서 ③은 옳지 않다.

소요시간		채점결과	
목표시간	3분	총 문항수	10문항
실제 소요시간	( )분 ( )초	맞은 문항 수	( )문항
초과시간	( )분 ( )초	틀린 문항 수	( )문항

정답 09 ① | 10 ③

지각능력검사 및 영어능력검사

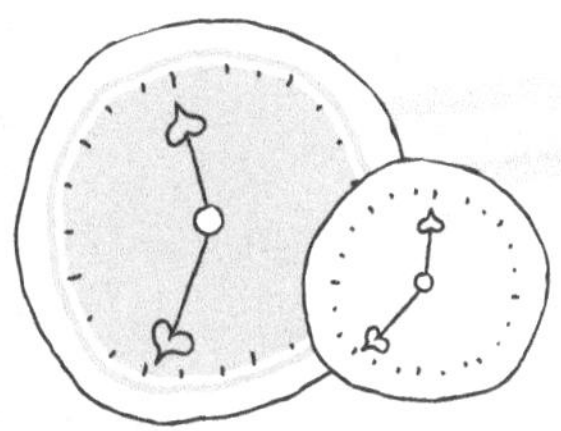

3DAY 지각능력검사

* 영역의 특성상 해설이 제공되지 않을 수 있습니다.

1. 지각정확성

기출유형분석

문제풀이 시간 : 7초

▶ 다음 중 좌우가 같으면 '같다', 다르면 '다르다'를 고르시오.

8302171654661 – 8302171564661

① 같다 ② 다르다

정답 해설 8302171654661 – 8302171564661

정답 ②

[01~12] 다음 중 좌우가 같으면 '같다', 다르면 '다르다'를 고르시오.

총 문항 수 : 12문항 | 총 문제풀이 시간 : 1분 25초 | 문항당 문제풀이 시간 : 7초

01 $\frac{1}{2}bc\sin A=\frac{1}{2}ca\sin B$ – $\frac{1}{2}bc\sin A=\frac{1}{2}ca\sin B$

① 같다 ② 다르다

02 $A\cup(B\cap C)=(A\cup B)\cap(A\cup C)$
– $A\cup(B\cap C)=(A\cap B)\cap(A\cup C)$

① 같다 ② 다르다

정답 해설 A∪(B∩C)=(A∪B)∩(A∪C) – A∪(B∩C)=(A∩B)∩(A∪C)

03 **2787553368742311 – 2787553368742311**

① 같다 ② 다르다

04 **62 29 30 23 26 32 28 63 36 – 62 29 30 28 26 32 23 63 36**

① 같다 ② 다르다

정답 해설 62 29 30 23 26 32 28 63 36 – 62 29 30 28 26 32 23 63 36

05 **http://careers.samsung.co.kr/**
– http://careers.samsung.co.kr/

① 같다 ② 다르다

06 **emowcobnirgnzlfet – emowcobnirgnzlfet**

① 같다 ② 다르다

정답 01 ① | 02 ② | 03 ① | 04 ② | 05 ① | 06 ①

07 ▧▥▤▩▣▥▨▧▨▤▦ – ▧▥▤▩▣▥▨▧▨▥▦

① 같다 ② 다르다

정답 해설 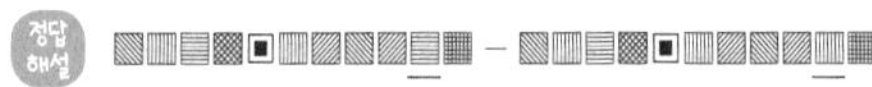

08 北京市新街口海淀西三路83 – 北京市新街口海淀西三路83

① 같다 ② 다르다

09 16GbLPDDR4X모바일D램 – 16GbLPDDR4X모바일D램

① 같다 ② 다르다

이 문제 중요!

10 ◑◔◒◓◐◕◑◒◐◔◕◒
– ◑◔◒◓◐◕◑◒◐◔◕◒

① 같다 ② 다르다

11 삼성GSAT직무적성검사공간지각력
– 삼성GSAT직무성적검사공지간각력

① 같다 ② 다르다

정답 해설 삼성GSAT직무적성검사공간지각력 – 삼성GSAT직무성적검사공지간각력

12 どこからいらっしゃいましたか – どこがらいらっひゃいましたか

① 같다 ② 다르다

정답 해설 どこからいらっしゃいましたか – どこがらいらっひゃいましたか

소요시간		채점결과	
목표시간	1분 25초	총 문항수	12문항
실제 소요시간	(　)분 (　)초	맞은 문항 수	(　　)문항
초과시간	(　)분 (　)초	틀린 문항 수	(　　)문항

정답 07 ② | 08 ① | 09 ① | 10 ① | 11 ② | 12 ②

[13~15] 다음 중 나머지 셋과 다른 하나를 고르시오.

총 문항 수 : 3문항 | 총 문제풀이 시간 : 25초 | 문항당 문제풀이 시간 : 8초

13

① ㅑㅡㅗㅞㅒㅠㅕㅖㅜㅚㅞㅏㅓ

② ㅑㅡㅗㅞㅒㅠㅕㅖㅜㅚㅞㅏㅓ

③ ㅑㅡㅗㅞㅒㅠㅕㅖㅜㅗㅞㅏㅓ

④ ㅑㅡㅗㅞㅒㅠㅕㅖㅜㅚㅞㅏㅓ

③ ㅑㅡㅗㅞㅒㅠㅕㅖㅜㅗㅞㅏㅓ → ㅑㅡㅗㅞㅒㅠㅕㅖㅜㅚㅞㅏㅓ

14

① $\overline{\mathrm{AB}}=\sqrt{(x_2-x_1)^2+(y_1-y_2)^2}$

② $\overline{\mathrm{AB}}=\sqrt{(x_2-x_1)^2+(y_2-y_1)^2}$

③ $\overline{\mathrm{AB}}=\sqrt{(x_2-x_1)^2+(y_2-y_1)^2}$

④ $\overline{\mathrm{AB}}=\sqrt{(x_2-x_1)^2+(y_2-y_1)^2}$

① $\overline{\mathrm{AB}}=\sqrt{(x_2-x_1)^2+(y_{\underline{1}}-y_{\underline{2}})^2} \rightarrow \overline{\mathrm{AB}}=\sqrt{(x_2-x_1)^2+(y_{\underline{2}}-y_{\underline{1}})^2}$

15

① ㅉㅍㅆㅃㅇㅋㄲㄴㅉㅋㄸ

② ㅉㅍㅆㅃㅇㅋㄲㄴㅉㅋㄸ

③ ㅉㅍㅆㅃㅇㅋㄲㄴㅉㅋㄸ

④ ㅉㅍㅆㅃㅇㅋㄱㄴㅉㅋㄸ

④ ㅉㅍㅆㅃㅇㅋㄱㄴㅉㅋㄸ → ㅉㅍㅆㅃㅇㅋㄲㄴㅉㅋㄸ

[16~21] 다음 제시된 것과 동일한 것을 고르시오.

총 문항 수 : 6문항 | 총 문제풀이 시간 : 1분 30초 | 문항당 문제풀이 시간 : 15초

16 ebbxwvpl

① ebbxvwql ② ebdxvwpl
③ ebbxwvpl ④ ebbxvvpl

17 αβδπεσγωθλ

① αβδεπσγωλθ ② αδβεπσγωθλ
③ αβδεπγσωθλ ④ αβδπεσγωθλ

18 ★○▶◀●☆◀◁▷

① ★○▶◀●☆◁▷◀ ② ★○▶◀○☆◁◀▷
③ ★○▶◁●☆◀◀▷ ④ ★○▶◀●☆◀◁▷

19 저논이데전한파상험공시맛퇴마

① 저논이데전한파상험공시맛퇴마
② 저논이데전한파상험통시맛퇴마
③ 저논이데연한파상험공시맛퇴마
④ 저논이데전마파상험공시맛퇴마

정답 13 ③ | 14 ① | 15 ④ | 16 ③ | 17 ④ | 18 ④ | 19 ①

20 **AHESCGTHAEWRTS**

① AHESGCTHAEWRTS

② AHECGSTHAEWRTS

③ AHESCGTHABWRTS

④ AHESCGTHAEWRTS

21 ㅠㅟㅚㅙㅢㅖㅝㅣㅘㅞㅗㅠㅚㅙ

① ㅠㅟㅖㅝㅚㅢㅣㅘㅞㅗㅠㅚㅙ

② ㅠㅟㅚㅢㅔㅢㅣㅘㅞㅗㅠㅚㅙ

③ ㅠㅟㅚㅙㅢㅖㅝㅣㅘㅞㅗㅠㅚㅙ

④ ㅠㅟㅗㅚㅢㅖㅝㅣㅘㅞㅠㅚㅙ

[22~24] 다음 제시된 것과 다른 것을 고르시오.

총 문항 수 : 3문항 | 총 문제풀이 시간 : 45초 | 문항당 문제풀이 시간 : 15초

22 **65821**

① 65821　　② 65821

③ 65821　　④ 65831

23 **∞?㉠11888101**

① ∞?㉠11888101　　② ∞?㉮11888101

③ ∞?㉠11888101　　④ ∞?㉠11888101

24 ${}^2/_5$ ${}^4/_5$ ${}^3/_5$ ${}^5/_6$ ${}^4/_5$ ${}^2/_3$ ${}^2/_5$ ${}^3/_5$ ${}^5/_6$ ${}^2/_3$

① ${}^2/_5$ ${}^4/_5$ ${}^3/_5$ ${}^5/_6$ ${}^4/_5$ ${}^2/_3$ ${}^2/_5$ ${}^3/_5$ ${}^5/_6$ ${}^2/_3$

② ${}^2/_5$ ${}^4/_5$ ${}^2/_5$ ${}^5/_6$ ${}^3/_5$ ${}^3/_5$ ${}^4/_5$ ${}^2/_3$ ${}^5/_6$ ${}^2/_3$

③ ${}^2/_5$ ${}^4/_5$ ${}^3/_5$ ${}^5/_6$ ${}^4/_5$ ${}^2/_3$ ${}^2/_5$ ${}^3/_5$ ${}^5/_6$ ${}^2/_3$

④ ${}^2/_5$ ${}^4/_5$ ${}^3/_5$ ${}^5/_6$ ${}^4/_5$ ${}^2/_3$ ${}^2/_5$ ${}^3/_5$ ${}^5/_6$ ${}^2/_3$

[25~27] 다음 중 좌우가 같은 것을 고르시오.

총 문항 수 : 3문항 | 총 문제풀이 시간 : 30초 | 문항당 문제풀이 시간 : 10초

25

① ◆◇◈⊙◇◎● – ◆◇◈⊙◇●●

② ♡☎⊙◇✽☺❀ – ♡☎⊙◇✽☺❀

③ ⓜⓝⓞⓟⓠⓡⓢ – ⓝⓝⓞⓟⓠⓡⓢ

④ ㉰㉱㉲㉳㉴㉵㉶ – ㉰㉱㉾㉳㉴㉵㉶

26

① 11111000011 – 10111000011

② △×♣—♡÷☆ⓘ – △×♣—♡÷☆ⓘ

③ ㄱㅋㄷㅌㄷㅌ – ㄲㅋㄷㅌㄷㅌ

④ #INGDOTORU – ∗SINGDOTORU

정답 20 ④ | 21 ③ | 22 ④ | 23 ② | 24 ② | 25 ② | 26 ②

27

① m^2 cm^3 km^2 cm^3 mm m^2 – m^2 cm^3 km^2 cm^2 mm m^2

② ㉡ⓖ㉭㉣ⓓ㉨㉪ⓐ㉫ⓔ – ㉡ⓖ㉭ⓓ㉣㉨㉪ⓒ㉫ⓔ

③ ホワイトチョコレトジチ – ホワイトチョコレトジチ

④ 567314569863546875 – 567814569336546875

[28~30] 다음에 제시된 단어를 보고 보기에서 중복되는 개수를 찾으시오.

총 문항 수 : 3문항 | 총 문제풀이 시간 : 30초 | 문항당 문제풀이 시간 : 10초

28 직무

직문 적무 직무 직부 진무 직무 잭무 직문 직물 직무
작무 직무 직묵 직부 칙무 지무 치무 직분 직무 직문
즉무 적무 직무 칙무 직물 진무 지무 잭무 칙부 직부

① 6개 ② 7개
③ 8개 ④ 9개

정답 해설 보기에서 '직무'는 총 6개가 있다.

29 제재

제재 재재 제제 재제 제제 재재 제제 재체 체재 체제
채채 체체 제재 재제 저제 재저 자제 재처 자처 제재
제제 재재 저제 채제 제젠 제재 제처 재재 체체 처제

① 7개 ② 6개
③ 5개 ④ 4개

정답해설 보기에서 '제재'는 총 4개가 있다.

30 현황

현항 헌항 현황 현현 헌황 환황 한황 한항 현황 황현
헌항 한화 현화 현황 헌화 환영 형환 현홍 현홍 황헌
현황 헌향 헌홍 헌화 영환 황한 황황 환항 현황 헌황

① 8개 ② 7개
③ 6개 ④ 5개

정답해설 보기에서 '현황'은 총 5개가 있다.

소요시간		채점결과	
목표시간	3분 30초	총 문항수	18문항
실제 소요시간	( )분 ( )초	맞은 문항 수	( )문항
초과시간	( )분 ( )초	틀린 문항 수	( )문항

정답 27 ③ | 28 ① | 29 ④ | 30 ④

2. 공간지각

기출유형분석

⏰ 문제풀이 시간 : 7초

▶ 다음 제시된 도형과 같은 것을 고르시오.

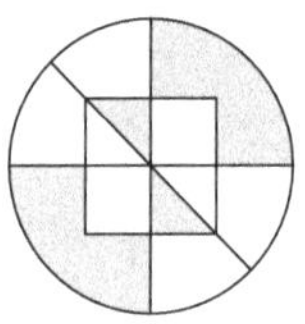

①

② 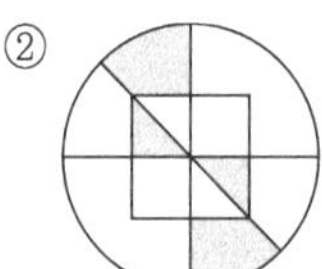

③

④ 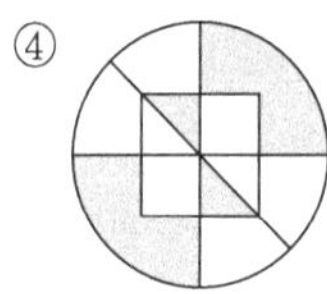

정답해설 문제에서 제시된 도형과 정확히 일치하는 도형은 ④이다.

유형분석 이 문제에서는 도형의 회전방향을 고려하지 않아도 답을 선택할 수 있지만, 때로는 도형이 회전되어 한눈에 찾기 어려운 경우도 있으므로 도형의 특징을 파악하고, 이와 일치하는지를 찾아 빠르게 문제를 해결할 수 있어야 한다. 이를 위해 충분한 연습이 요구된다.

정답 ④

[01~06] 다음에 제시된 도형과 같은 도형을 고르시오.

총 문항 수 : 6문항 | 총 문제풀이 시간 : 1분 18초 | 문항당 문제풀이 시간 : 13초

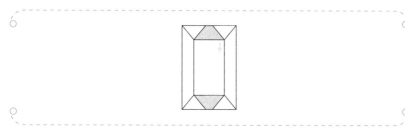

01

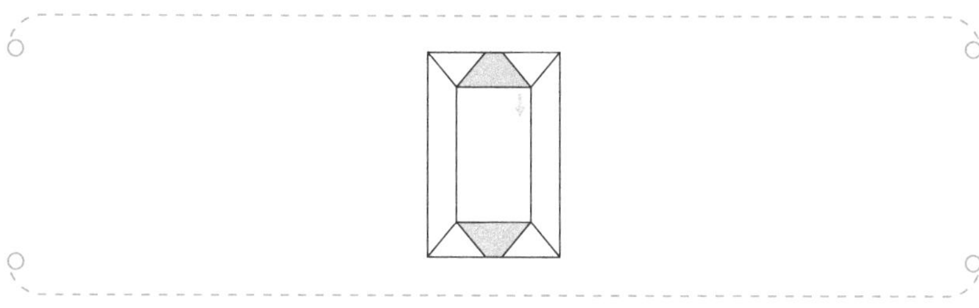

①
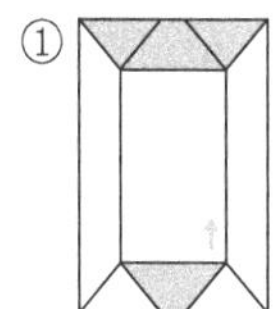

②
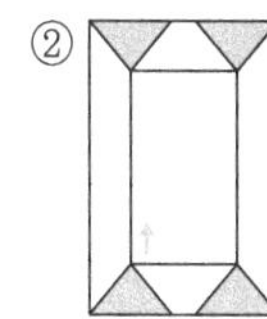

③
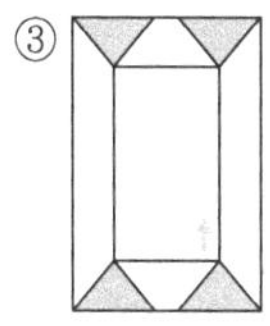

④
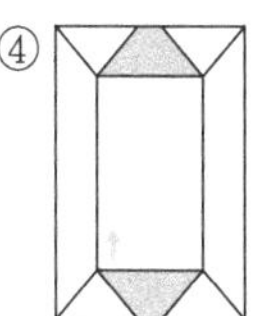

정답 01 ④

02

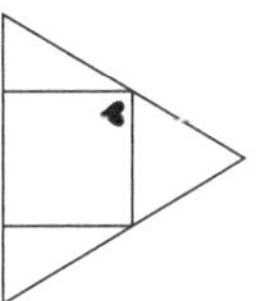

①

② 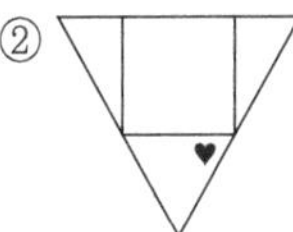

③

④ 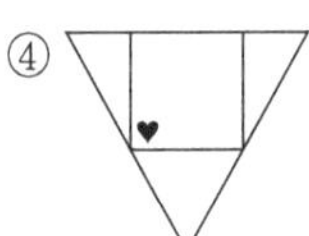

03

① 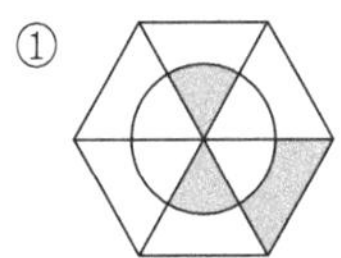

② 

③

④ 

04

① 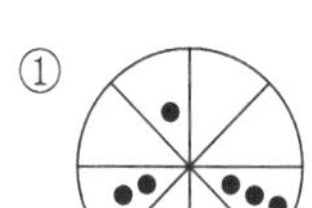

② 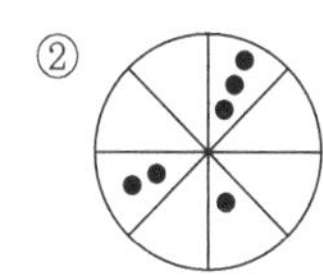

③ 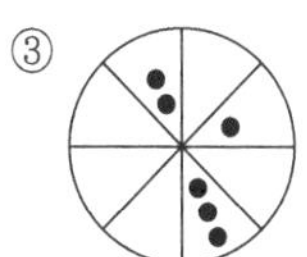

④ 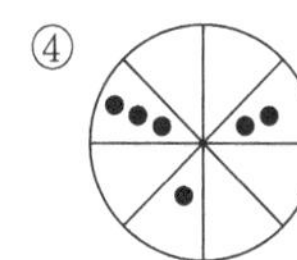

05

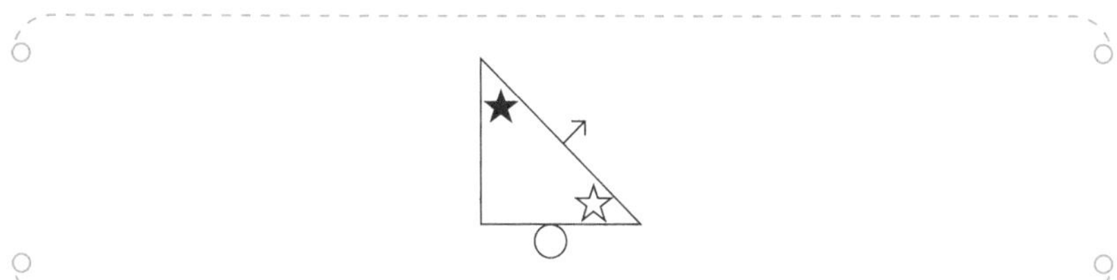

① 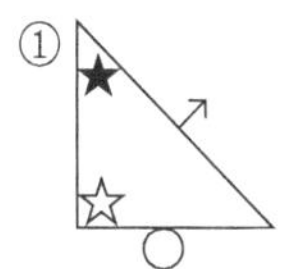

② 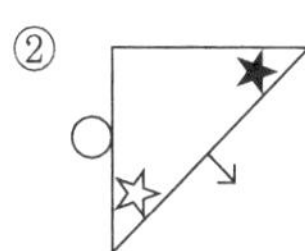

③ 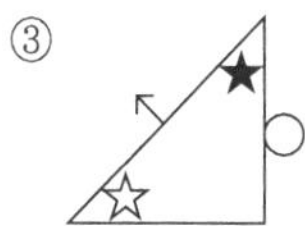

④ 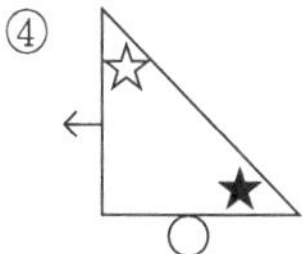

정답 02 ③ | 03 ④ | 04 ① | 05 ②

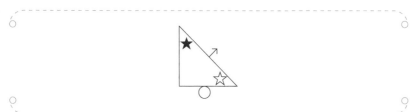

06

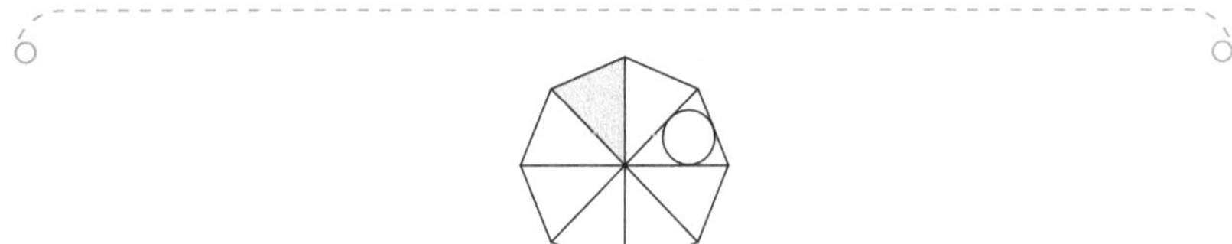

①

② 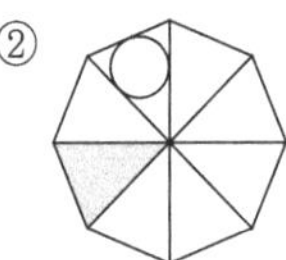

③

④ 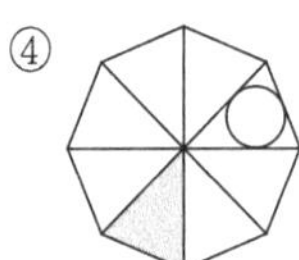

소요시간	
목표시간	1분 18초
실제 소요시간	(　)분 (　)초
초과시간	(　)분 (　)초

채점결과	
총 문항수	6문항
맞은 문항 수	(　　)문항
틀린 문항 수	(　　)문항

기출유형분석

문제풀이 시간 : 10초

▶ 다음에 제시된 도형과 다른 도형을 고르시오. (단, 뒤집기는 허용하지 않음)

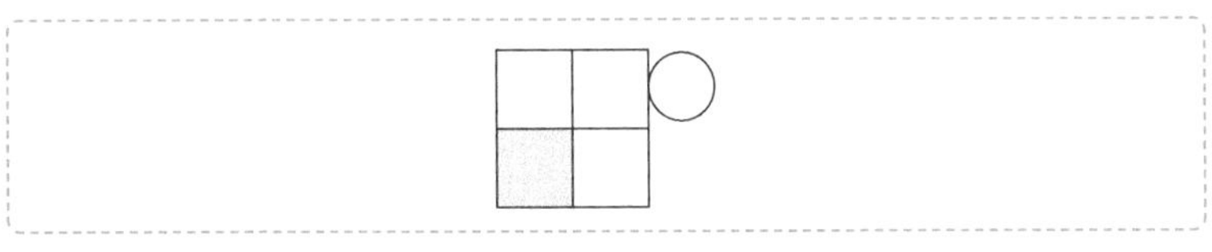

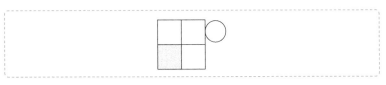

①
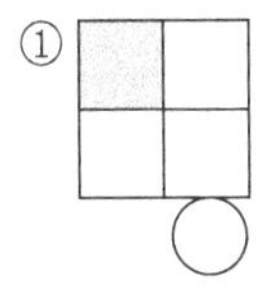

②
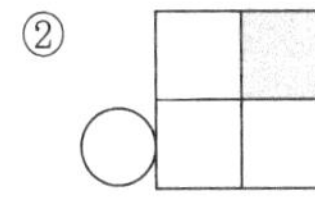

③
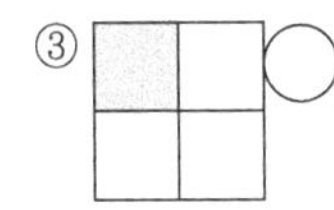

④
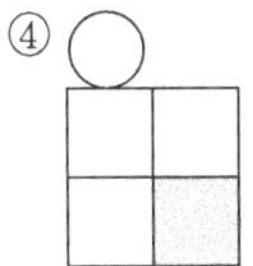

유형분석 이 유형은 제시된 도형과 다른 도형을 고르는 것으로 도형을 여러 각도로 돌려가며 정답을 찾아낼 수 있다. 단, 뒤집기는 허용하지 않으므로 도형을 시계방향 또는 시계반대방향으로 회전하는 것만 가능하다. 도형의 특징을 빠른 시간 내에 파악하여 도형을 회전시키는 것만으로는 나타날 수 없는 모양을 찾아내는 연습이 필요하다.

정답 ③

[01~05] **다음에 제시된 도형과 다른 도형을 고르시오. (단 뒤집기는 허용하지 않는다.)**

총 문항 수 : 5문항 | 총 문제풀이 시간 : 1분 5초 | 문항당 문제풀이 시간 : 13초

01

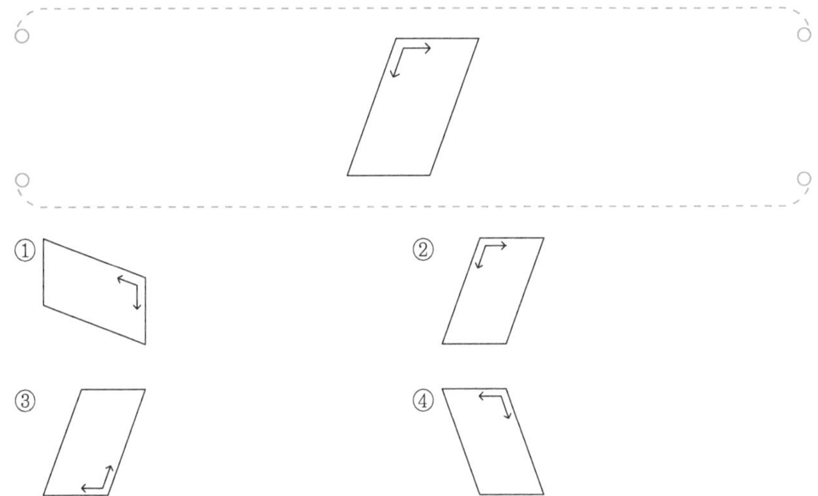

02

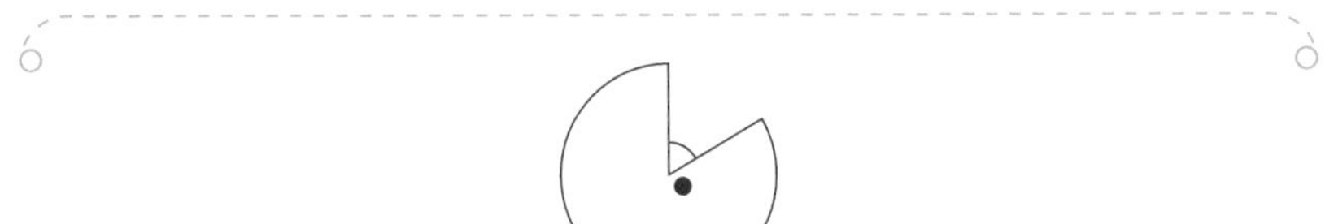

① 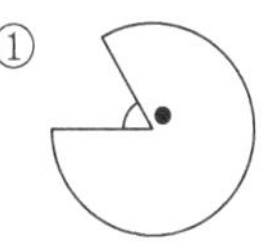

② 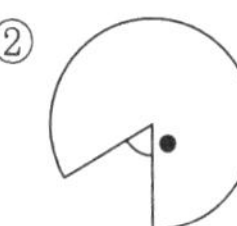

③

④ 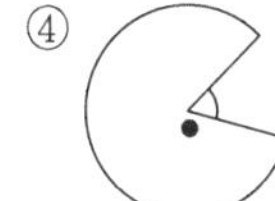

03

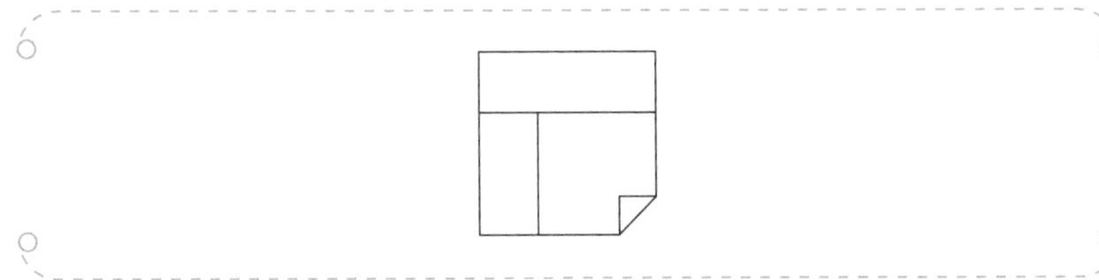

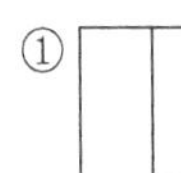

① 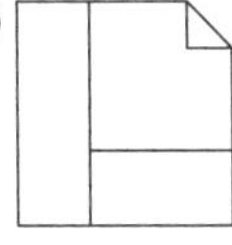

② 

③ 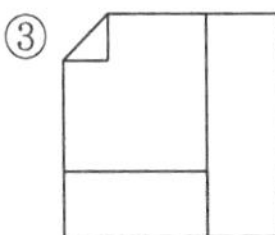

④ 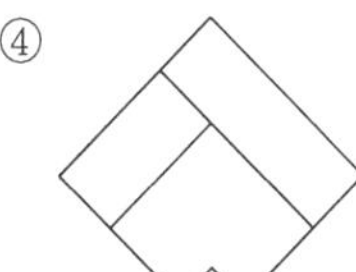

정답 01 ④ | 02 ② | 03 ③

04

①

② 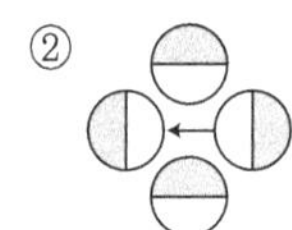

③ 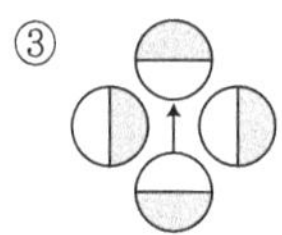

④ 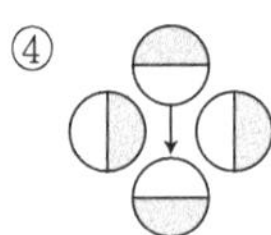

05

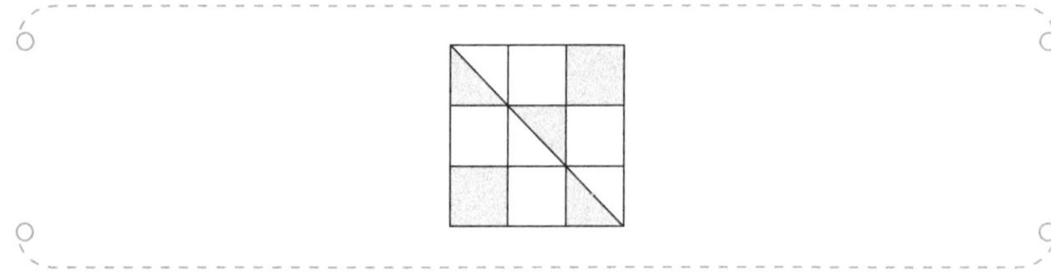

① 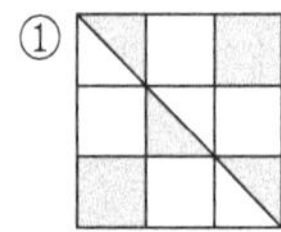

② 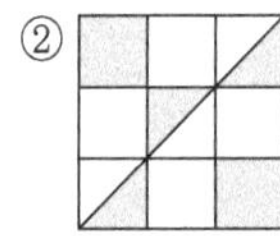

③ 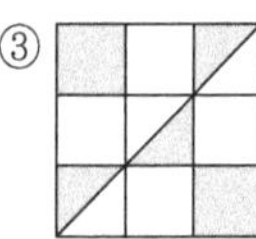

④ 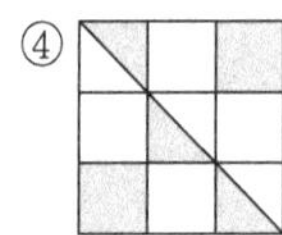

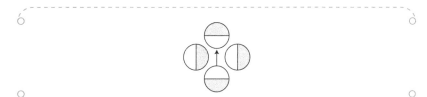

[06~07] 제시된 도형을 왼쪽으로 90° 회전시켰을 때의 모양을 고르시오.

총 문항 수 : 2문항 | 총 문제풀이 시간 : 30초 | 문항당 문제풀이 시간 : 15초

06

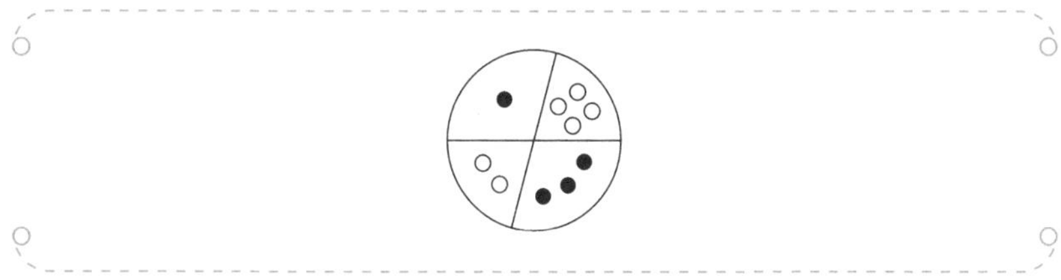

① 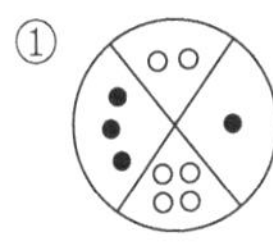

② 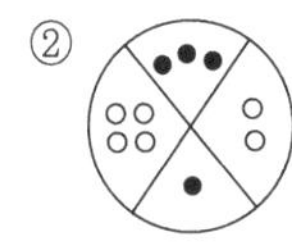

③ 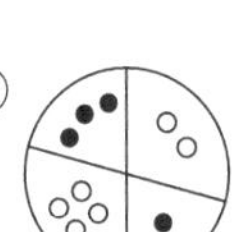

④ 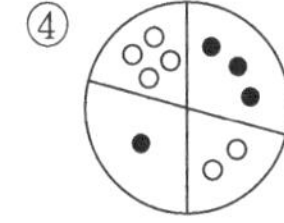

정답 04 ④ | 05 ④ | 06 ④

07

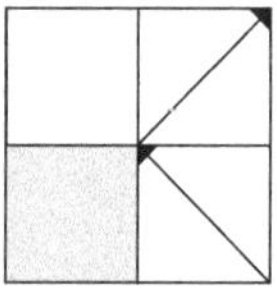

①

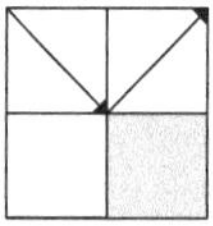

②

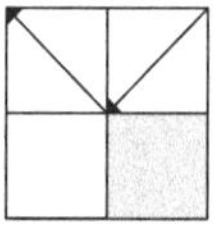

③

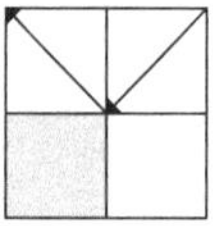

④

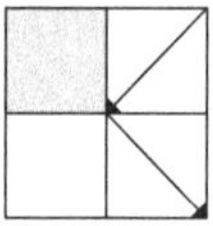

소요시간		채점결과	
목표시간	1분 35초	총 문항수	7문항
실제 소요시간	( )분 ( )초	맞은 문항 수	( )문항
초과시간	( )분 ( )초	틀린 문항 수	( )문항

기출유형분석

문제풀이 시간 : 15초

▶ 다음 그림과 같이 화살표 방향으로 종이를 접은 후, 펀치로 구멍을 뚫고 다시 펼쳤을 때의 그림으로 옳은 것을 고르시오.

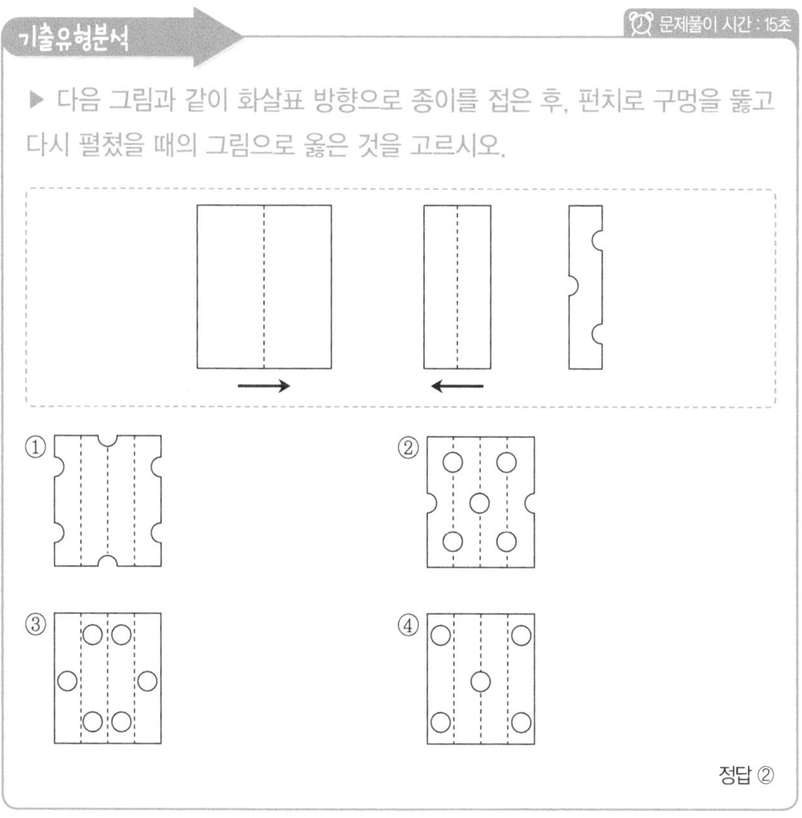

정답 ②

[01~04] 다음 그림과 같이 화살표 방향으로 종이를 접은 후, 펀치로 구멍을 뚫고 다시 펼쳤을 때의 그림으로 옳은 것을 고르시오.

총 문항 수 : 4문항 | 총 문제풀이 시간 : 1분 | 문항당 문제풀이 시간 : 15초

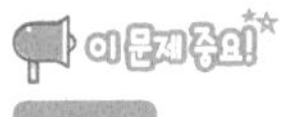

01

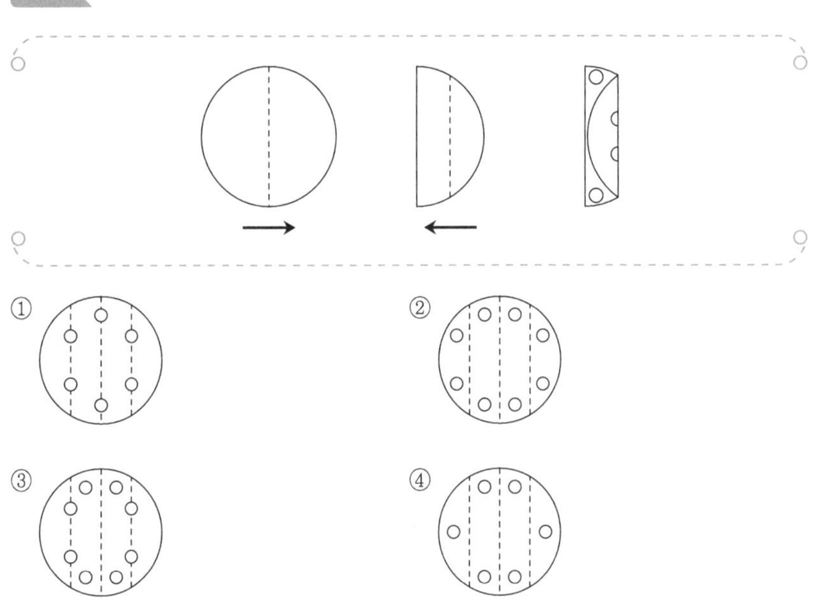

02

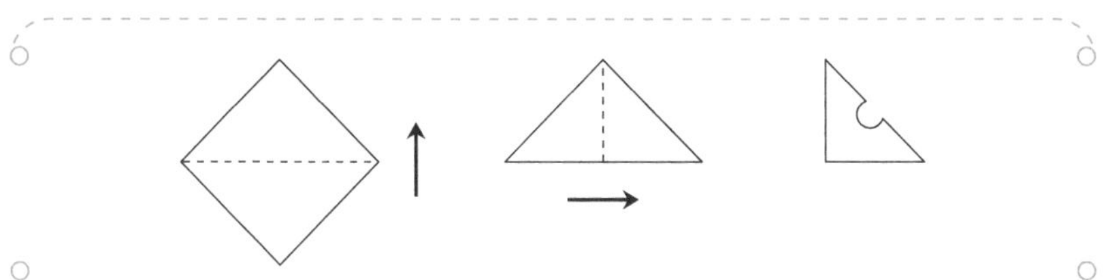

① 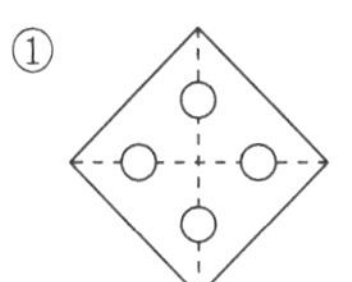

② 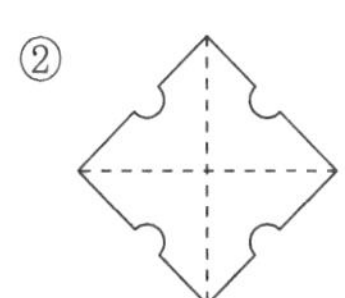

③ 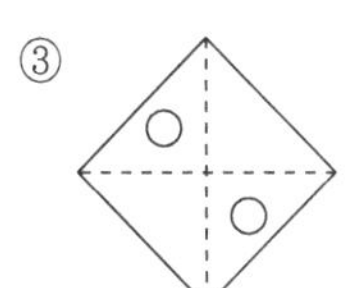

④ 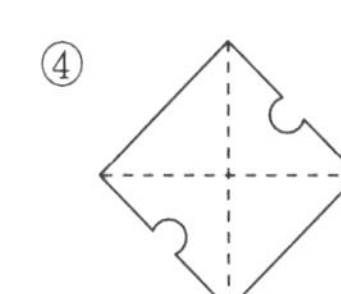

03

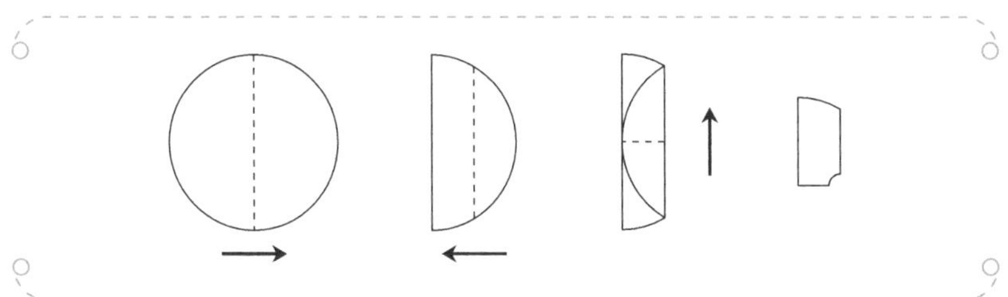

① 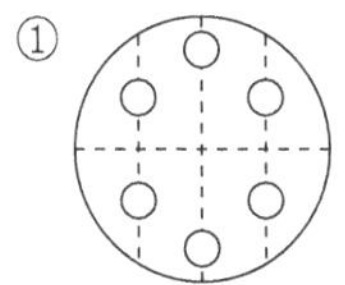

② 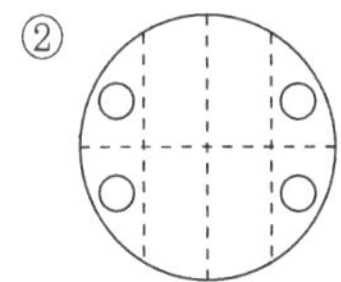

③ 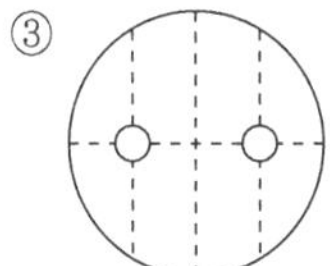

④ 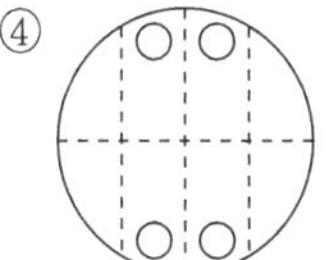

정답 01 ③ | 02 ② | 03 ③

04

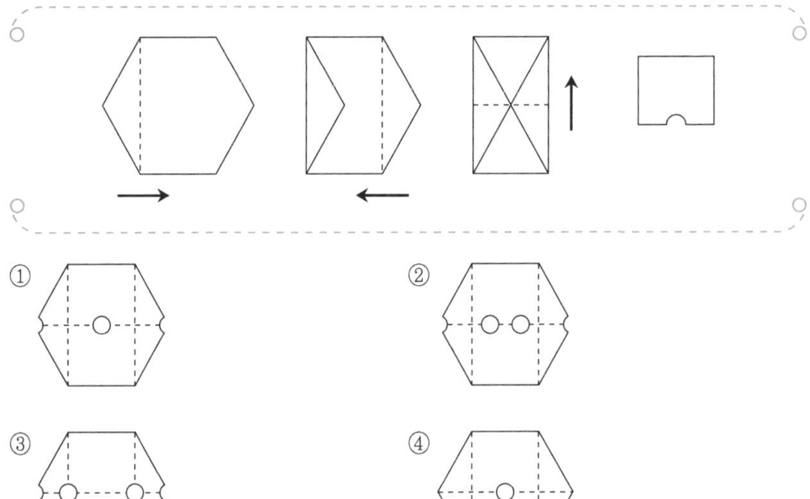

①

②

③

④

소요시간		채점결과	
목표시간	1분	총 문항수	4문항
실제 소요시간	( )분 ( )초	맞은 문항 수	( )문항
초과시간	( )분 ( )초	틀린 문항 수	( )문항

[05~07] 다음 그림을 보고 블록의 개수를 구하시오. (단, 블록의 크기는 모두 같다.)

총 문항 수 : 3문항 | 총 문제풀이 시간 : 24초 | 문항당 문제풀이 시간 : 8초

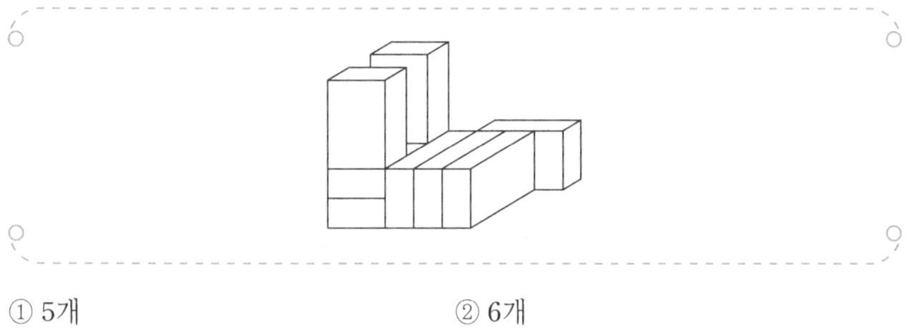

① 5개 ② 6개

③ 7개 ④ 8개

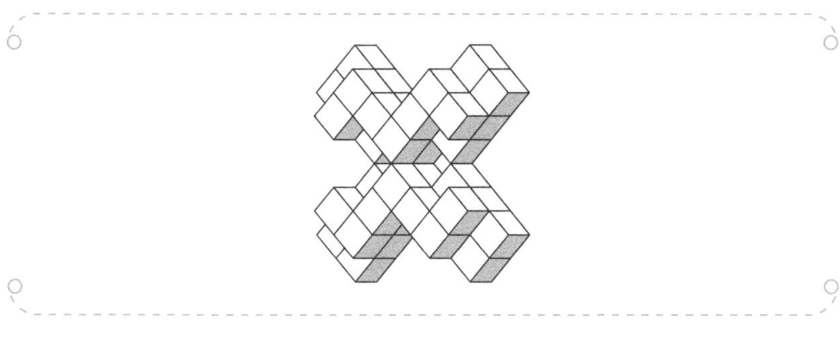

① 36개 ② 38개

③ 40개 ④ 42개

정답 04 ① | 05 ④ | 06 ③

07

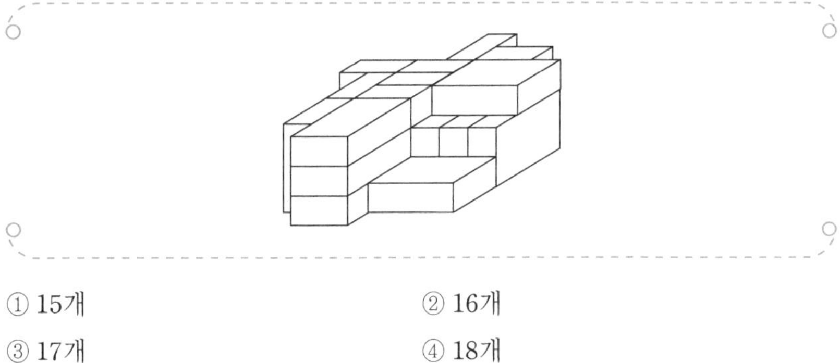

① 15개　　② 16개

③ 17개　　④ 18개

[08~09] 다음 도형의 한 변의 길이가 1일 때, 표면적을 구하시오.

총 문항 수 : 2문항 | 총 문제풀이 시간 : 40초 | 문항당 문제풀이 시간 : 20초

08

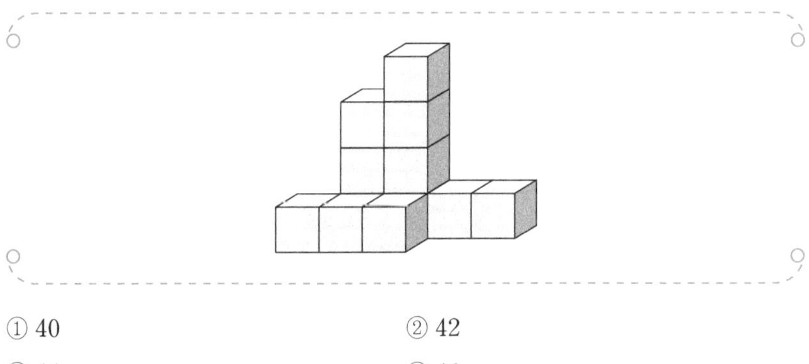

① 40　　② 42

③ 44　　④ 46

정답해설 면의 총 개수가 44이므로 총 면적은 44이다.

7　10
5　5
10　7

09

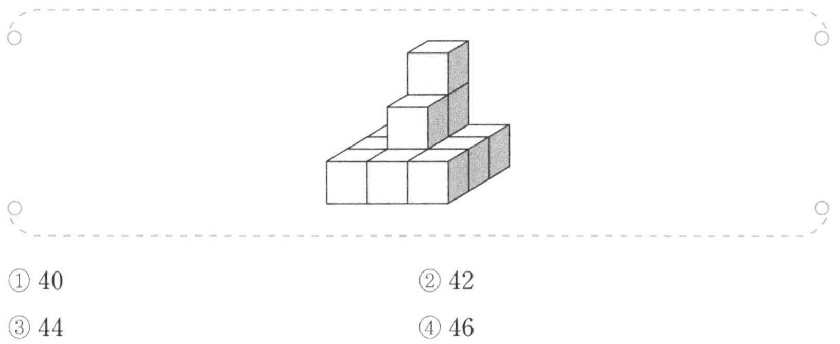

① 40　　② 42

③ 44　　④ 46

10 정육면체의 상자를 그림과 같이 쌓아서 탑을 만들려고 한다. 이 탑의 높이가 10층이 되도록 쌓는 데 필요한 정육면체의 개수는?

① 160개　　② 170개

③ 180개　　④ 190개

정답 해설 층마다 블록이 한 개씩 줄고, 가운데는 한 줄로 10층 쌓인다.
1층 : 9×4=36개, 2층 : 8×4=32개, …, 가운데 한 줄 : 1×10=10개
∴ 36+32+28+24+20+16+12+8+4+10=190(개)

[11~13] 다음 그림의 블록이 정육면체가 되기 위해선 최소한 몇 개의 블록이 더 필요한지 구하시오. (단, 기존 블록의 위치는 움직이지 않는다.)

총 문항 수 : 3문항 | 총 문제풀이 시간 : 2분 | 문항당 문제풀이 시간 : 40초

11

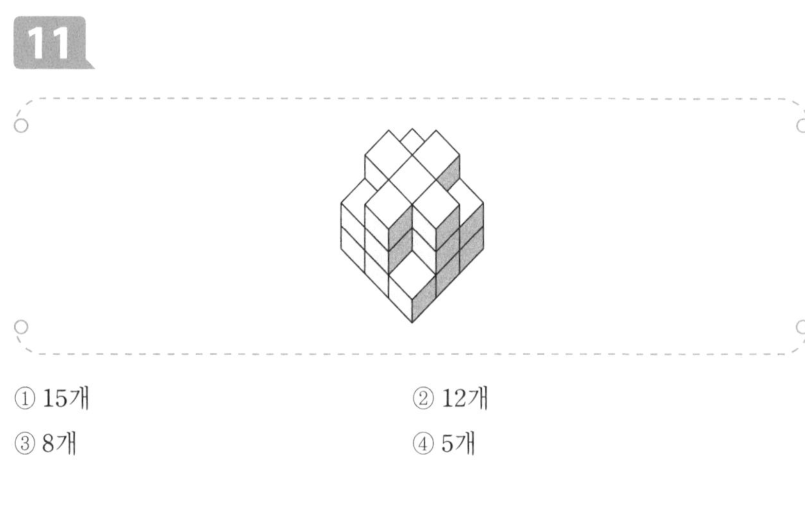

① 15개　② 12개
③ 8개　④ 5개

정답 해설 정육면체가 되기 위해선 가로×세로의 블록 개수가 같아야 한다는 것에 주의한다.

12

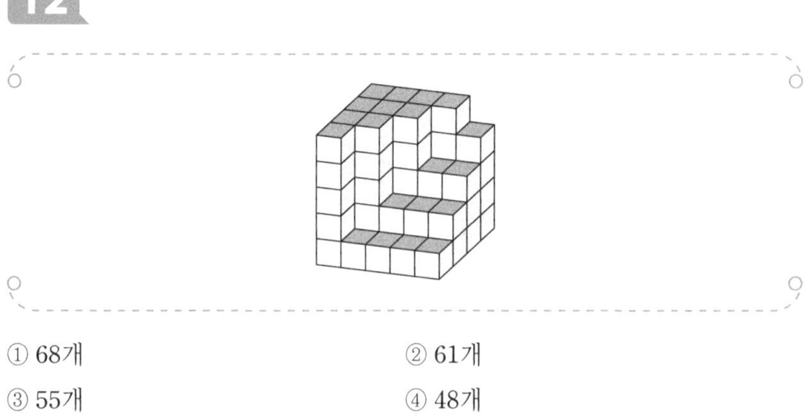

① 68개　② 61개
③ 55개　④ 48개

정답 해설 제시된 블록의 개수를 포함하여 정육면체가 되기 위한 최소한의 블록을 모두 합하면 5×5×5=125(개)이다.

이 문제 중요!

13

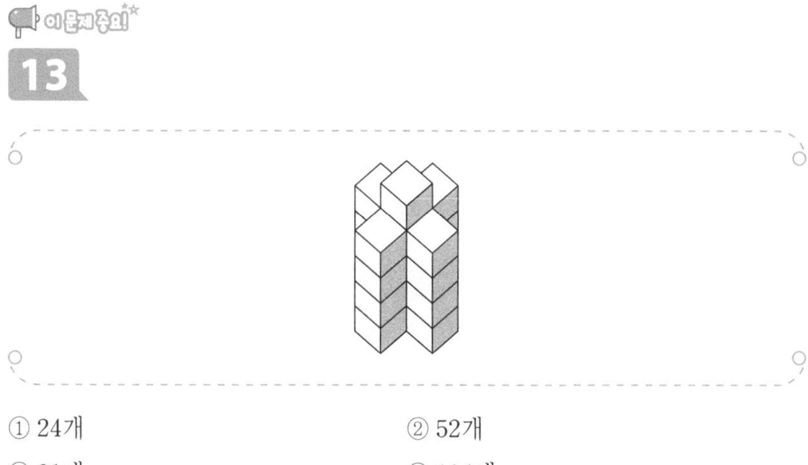

① 24개
② 52개
③ 91개
④ 104개

정답 해설 제시된 블록의 개수를 포함하여 정육면체가 되기 위한 최소한의 블록을 모두 합하면 5×5×5=125(개)이다.

[14~15] 다음은 정육면체 블록을 쌓은 것이다. 물음에 답하시오.

총 문항 수 : 2문항 | 총 문제풀이 시간 : 1분 20초 | 문항당 문제풀이 시간 : 40초

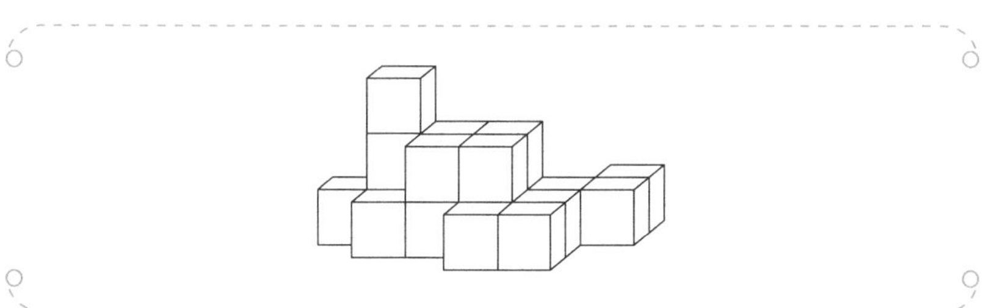

14 블록의 개수는 모두 몇 개인가?

① 19개 ② 20개

③ 21개 ④ 22개

15 블록의 밑면을 제외하고 색칠되는 모든 면의 개수는?

① 44개 ② 47개

③ 52개 ④ 56개

16 다음 주어진 도형의 조각들을 이용하여 만들 수 있는 형태는?

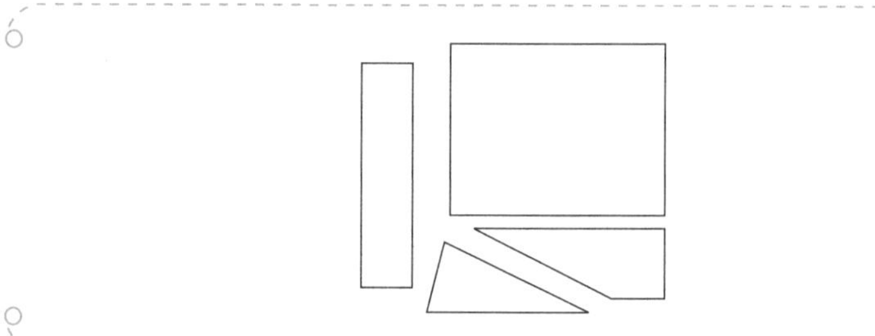

① 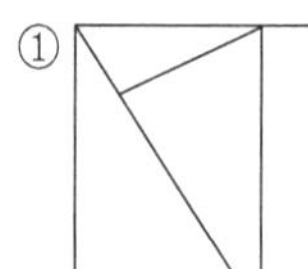

② 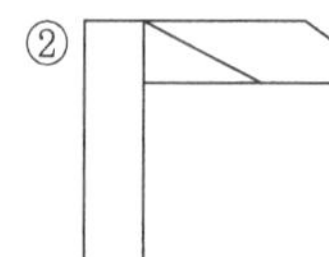

③ 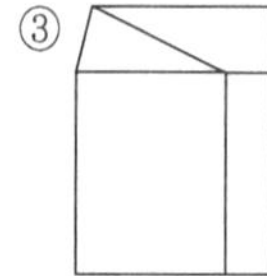

④ 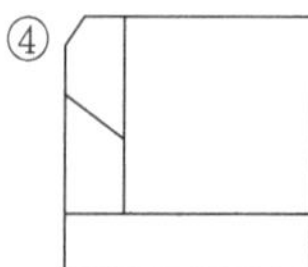

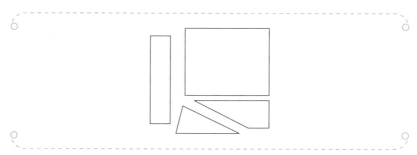

정답 해설

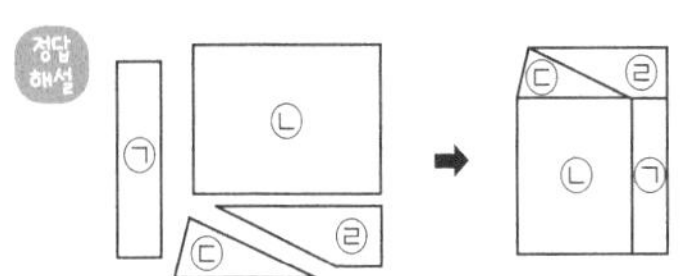

17 다음에 제시된 도형의 조각이 아닌 것은?

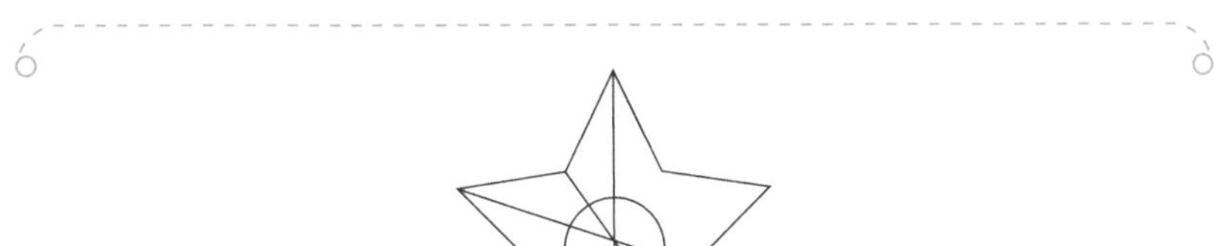

① 

② 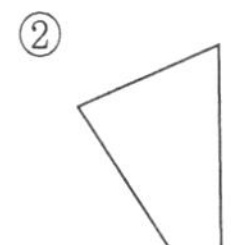

③ 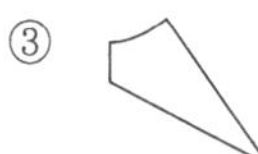

④ 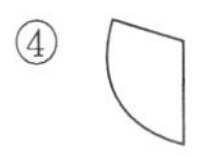

정답 해설

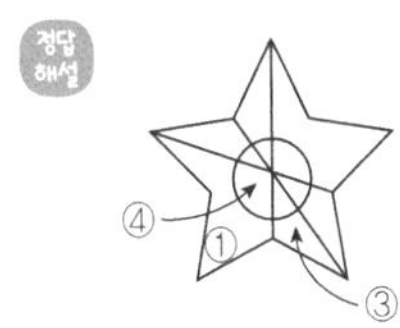

소요시간		채점결과	
목표시간	6분	총 문항수	13문항
실제 소요시간	( )분 ( )초	맞은 문항 수	( )문항
초과시간	( )분 ( )초	틀린 문항 수	( )문항

정답 14 ① | 15 ② | 16 ③ | 17 ②

기출유형분석

문제풀이 시간 : 3초

▶ 다음 제시된 그림 조각을 순서대로 알맞게 배열한 것을 고르시오.

가

나

다

① 가 – 나 – 다
② 가 – 다 – 나
③ 나 – 다 – 가
④ 나 – 가 – 다

정답 해설 그림 조각을 순서대로 맞추면 '나 – 가 – 다'이다.

정답 ④

[01~03] 다음 제시된 그림 조각을 순서대로 배열한 것을 고르시오.

총 문항 수 : 3문항 | 총 문제풀이 시간 : 15초 | 문항당 문제풀이 시간 : 5초

01

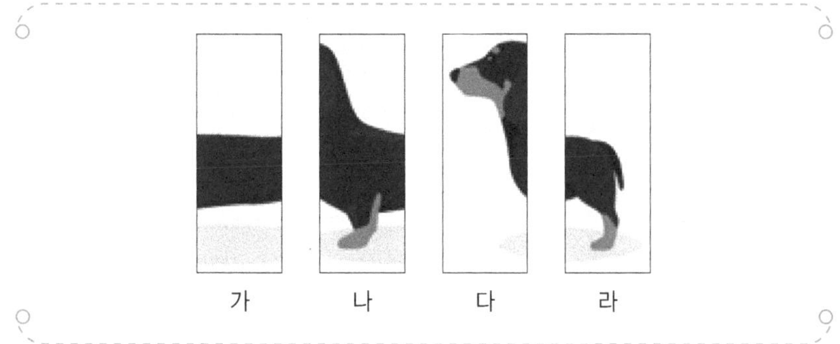

① 가 – 나 – 다 – 라
② 가 – 라 – 나 – 다
③ 다 – 나 – 가 – 라
④ 다 – 가 – 나 – 라

정답해설 그림 조각을 순서대로 맞추면 '다 – 나 – 가 – 라'이다.

정답 01 ③

02

가 나 다 라

① 가 – 나 – 다 – 라
② 다 – 라 – 나 – 가
③ 다 – 라 – 가 – 나
④ 라 – 나 – 가 – 다

정답 해설 그림 조각을 순서대로 맞추면 '다 – 라 – 나 – 가'이다.

이 문제 중요!

03

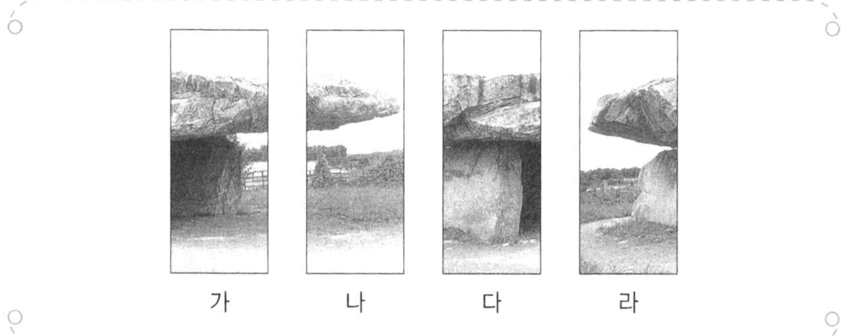

① 나 – 가 – 다 – 라
② 나 – 다 – 가 – 라
③ 라 – 가 – 다 – 나
④ 라 – 다 – 가 – 나

정답 해설 그림 조각을 순서대로 맞추면 '라 – 다 – 가 – 나'이다.

소요시간		채점결과	
목표시간	15초	총 문항수	3문항
실제 소요시간	( )분 ( )초	맞은 문항 수	( )문항
초과시간	( )분 ( )초	틀린 문항 수	( )문항

1DAY 2DAY 3DAY

정답 02 ② | 03 ④

3DAY

영어능력검사

1. 어휘력

기출유형분석

문제풀이 시간 : 3초

▶ 다음 제시된 단어의 뜻에 해당하는 단어를 고르시오.

우울한

① fresh ② blue

③ better ④ far

정답 해설 blue : 우울한

오답 해설 ① fresh : 상쾌한

③ better : 더 좋은

④ far : 먼

유형 분석 단어의 뜻이 주어지고 그 뜻에 알맞은 단어를 고르는 유형이다. 그다지 어렵지 않은 수준의 단어가 주어지므로 기본적인 수준의 어휘를 습득하고 시험에 임한다면 큰 도움이 될 것이다.

정답 ②

[01~09] 다음 제시된 단어의 뜻에 해당하는 단어를 고르시오.

총 문항 수 : 9문항 | 총 문제풀이 시간 : 27초 | 문항당 문제풀이 시간 : 3초

01 우선권

① literature ② priority

③ quality ④ private

정답 해설 ② priority : 우선 사항, 우선권

① literature : 문학, 문헌

③ quality : 질, 우수함, 고급, 양질

④ private : 사유의, 개인 소유의, 사적인, 민간의

02 행운

① title ② fortune

③ grace ④ entrance

② fortune : 운, 행운, 재산

① title : 제목, 표제, 출판물, 칭호

③ grace : 우아함, 품위, 예의, 은총

④ entrance : 입구, 문, 입장, 등장

03 재난

① fuel ② heat

③ violence ④ disaster

④ disaster : 참사, 재난, 불행
① fuel : 연료, 연료를 공급하다
② heat : 열기, 열, 온도, 더위
③ violence : 폭행, 폭력, 격렬함, 맹렬함

04 긴급한

① tight ② slave

③ urgent ④ strange

③ urgent : 긴급한, 시급한, 다급해 하는
① tight : 단단한, 꽉 조여 있는, 꽉 조이는
② slave : 노예, 노예처럼 일하다
④ strange : 이상한, 낯선

05 가치 있는

① thumb ② goods

③ worth ④ tool

③ worth : 가치가 있는, 재산을 가진, 가치, 값어치
① thumb : 엄지손가락
② goods : 상품, 제품, 재산
④ tool : 연장, 도구, 공구

06 오염

① similar ② simple
③ pollution ④ quantity

③ pollution : 오염, 공해, 오염 물질
① similar : 비슷한, 유사한, 닮은
② simple : 간단한, 단순한, 소박한, 간소한
④ quantity : 양, 수량, 분량, 다량

07 특별한

① lazy ② unique
③ gentle ④ foolish

② unique : 유일무이한, 독특한, 특별한, 고유의
① lazy : 게으른, 태만한
③ gentle : 온화한, 순한, 조용한
④ foolish : 어리석은, 바보같은

정답 03 ④ | 04 ③ | 05 ③ | 06 ③ | 07 ②

08 줄어들다

① theory ② bother
③ increase ④ reduce

④ reduce : 줄이다, 낮추다, 줄어들다
① theory : 이론, 학설, 의견
② bother : 신경 쓰다, 괴롭히다, 귀찮게 하다
③ increase : 증가하다, 인상되다, 늘다, 증가

09 고마워하다

① young ② thirsty
③ useful ④ appreciate

④ appreciate : 진가를 알아보다, 고마워하다, 환영하다
① young : 어린, 젊은
② thirsty : 목이 마른, 갈증이 나는, 갈망하는, 마른, 건조한
③ useful : 유용한, 도움이 되는, 쓸모 있는

소요시간		채점결과	
목표시간	27초	총 문항수	9문항
실제 소요시간	( )분 ( )초	맞은 문항 수	( )문항
초과시간	( )분 ( )초	틀린 문항 수	( )문항

기출유형분석

문제풀이 시간 : 3초

▶ 다음 제시된 단어의 알맞은 뜻을 고르시오.

licence

① 면허 ② 면접
③ 면적 ④ 수필

정답 해설 licence : 면허

오답 해설
② **면접** : interview
③ **면적** : area, extent
④ **수필** : essay

정답 ①

1DAY 2DAY 3DAY

[01~10] 다음 제시된 단어의 알맞은 뜻을 고르시오.

총 문항 수 : 10문항 | 총 문제풀이 시간 : 30초 | 문항당 문제풀이 시간 : 3초

01 decrease

① 감소하다 ② 증가하다
③ 날카롭다 ④ 예민하다

• decrease : 줄다, 감소하다, 줄이다, 감소, 하락
② **증가하다** : increase
③ **날카롭다** : sharp, pointed
④ **예민하다** : sensitive

02 advantage

① 모험 ② 장점
③ 고전 ④ 단점

• advantage : 유리한 점, 이점, 장점, 어드밴티지
① **모험** : adventure
③ **고전** : classic
④ **단점** : weakness

03 satisfied

① 만족하는 ② 속상한
③ 흥분한 ④ 무죄인

• satisfied : 만족하는, 만족스러운
② **속상한** : upset
③ **흥분한** : excited
④ **무죄인** : innocent

04 internal

① 국제적인 ② 국내의
③ 최첨단의 ④ 영원한

• internal : 내부의, 체내의, 국내의, 내적인
① 국제적인 : international
③ 최첨단의 : high-tech
④ 영원한 : eternal

05 negative

① 주관적인 ② 객관적인
③ 긍정적인 ④ 부정적인

• negative : 부정적인, 나쁜, 비관적인, 부정의
① 주관적인 : subjective
② 객관적인 : objective
③ 긍정적인 : positive

06 outstanding

① 뛰어난 ② 시끄러운
③ 활동적인 ④ 실외의

• outstanding : 뛰어난, 걸출한, 두드러진
② 시끄러운 : loud, noisy
③ 활동적인 : active
④ 실외의 : outdoor

정답 02 ② | 03 ① | 04 ② | 05 ④ | 06 ①

07 attractive

① 폭력적인 ② 매력적인
③ 경쟁적인 ④ 경제적인

• attractive : 매력적인, 멋진, 마음을 끄는
① **폭력적인** : violent
③ **경쟁적인** : competitive
④ **경제적인** : economical

08 budget

① 장치 ② 전략
③ 정책 ④ 예산

• budget : 예산, (지출 예상) 비용
① **장치** : equipment, device
② **전략** : strategy
③ **정책** : policy

09 quarter

① 10분 ② 15분
③ 30분 ④ 2시간

quarter : 4분의 1, (매 정시 앞과 뒤의) 15분, 사분기, 구역

 apologize

① 사과하다 ② 용서하다

③ 이해하다 ④ 주장하다

정답 해설

• apologize : 사과하다

② **용서하다** : forgive

③ **이해하다** : understand

④ **주장하다** : insist

소요시간		채점결과	
목표시간	30초	총 문항수	10문항
실제 소요시간	( )분 ( )초	맞은 문항 수	( )문항
초과시간	( )분 ( )초	틀린 문항 수	( )문항

정답 07 ② | 08 ④ | 09 ② | 10 ①

기출유형분석

문제풀이 시간 : 5초

▶ 다음 제시된 단어와 같은 의미를 지닌 단어를 고르시오.

test

① school ② sound
③ example ④ exam

test : 시험, 검사

오답해설
② sound : 소리
③ example : 예, 사례

주요 유의어

- adult = grown-up(어른, 성인)
- accurate = exact(정확한)
- accept = receive(받다)
- allow = permit(허락하다)
- answer = reply(대답하다)
- arrive = reach(도착하다)
- awful = terrible(지독한)
- belief = faith(믿음)
- benefit = profit(이익)
- bright = clever(영리한)
- change = alter(변경하다)
- choose = select(고르다)
- careful = cautious(주의 깊은)
- cause = reason(이유, 까닭)
- connection = relationship(관계)
- crime = offence(범죄)
- defect = fault(결함, 결점)
- dedicate = devote(바치다)
- display = exhibit(전시하다)
- eternal = everlasting(영원한)
- factory = plant(공장)
- forbid = prohibit(금지하다)
- found = establish(설립하다)
- gain = obtain, acquire(얻다)
- gather = assemble(모이다)
- hard = firm(단단한)
- inner = interior(내부의)
- lack = shortage(부족)
- luck = fortune(행운)
- mistake = error(과오)
- patience = endurance(인내)
- power = force(힘)
- progress = advance(발전)
- research = study(연구)
- rapid = quick(빠른)
- significant = important(중요한)
- tired = exhausted(지친)
- usual = common(보통의)
- hide = conceal(숨기다)
- hire = employ(고용하다)
- issue = publish(발행하다)
- instruct = educate(가르치다)

- last = continue(계속하다)
- purchase = buy(사다)
- pardon = excuse(용서하다)
- rate = evaluate(평가하다)
- reject = refuse(거절하다)
- repair = fix, mend(수리하다)

정답 ④

[01~06] 다음 제시된 단어와 같은 의미를 지닌 단어를 고르시오.

총 문항 수 : 6문항 | 총 문제풀이 시간 : 30초 | 문항당 문제풀이 시간 : 5초

01 begin

① safe ② start

③ send ④ receive

정답 해설
- begin : 시작하다

① safe : 안전한, 위험하지 않은, 무사한

③ send : 보내다, 발송하다, 전하다

④ receive : 받다, 받아들이다

02 assist

① often ② help

③ sell ④ buy

정답 해설
- assist : 돕다, 도움이 되다

① often : 자주, 흔히, 보통

③ sell : 팔다

④ buy : 사다

정답 01 ② | 02 ②

03 abandon

① in addition ② get back
③ give up ④ have to

• abandon : 버리다, 포기하다, 그만두다
③ give up : 포기하다
① in addition : 게다가
② get back : 돌아오다
④ have to : ~해야 한다

04 fortunately

① noisy ② ugly
③ luckily ④ nasty

• fortunately : 다행스럽게도, 운 좋게도
③ luckily : 운 좋게, 다행히도
① noisy : 시끄러운, 떠들썩한
② ugly : 못생긴, 추한
④ nasty : 끔찍한, 형편없는

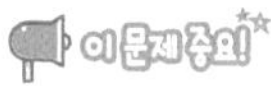

05 book

① reserve ② vote
③ wake ④ feather

• book : 책, 도서, 예약하다
① reserve : 예약하다
② vote : 투표, 투표하다
③ wake : 깨다, 깨우다
④ feather : 깃털, 털

06 chance

① journey ② trick
③ opportunity ④ delight

• chance : 가능성, 기회, 우연, 운
③ opportunity : 기회
① journey : 여행
② trick : 속임수, 장난, 마술
④ delight : 기쁨, 즐거움

소요시간		채점결과	
목표시간	30초	총 문항수	6문항
실제 소요시간	( )분 ( )초	맞은 문항 수	( )문항
초과시간	( )분 ( )초	틀린 문항 수	( )문항

정답 03 ③ | 04 ③ | 05 ① | 06 ③

기출유형분석

문제풀이 시간 : 5초

▶ 다음 제시된 단어와 반대의 뜻을 가진 단어를 고르시오.

quiet

① stop　　② loud

③ quit　　④ silent

• quiet : 조용한, 한산한, 차분한

• loud : (소리가) 큰, 시끄러운

오답해설 ① stop : 멈추다, 정지하다

③ quit : (직장이나 학교 등을) 그만두다

④ silent : 침묵을 지키는

핵심정리 **주요 반의어**

• ascent(상승) ↔ descend(하강)
• artificial(인공적인) ↔ natural(자연적인)
• admire(존경하다) ↔ despise(멸시하다)
• allow(허락하다) ↔ forbid(금지하다)
• attach(붙이다) ↔ detach(분리하다)
• attack(공격하다) ↔ defend(방어하다)
• borrow(빌리다) ↔ lend(빌려주다)
• birth(출생) ↔ death(사망)
• brave(용감한) ↔ cowardly(비겁한)
• cheap(싼) ↔ expensive(비싼)
• cause(원인) ↔ effect(결과)
• comedy(희극) ↔ tragedy(비극)
• consumer(소비자) ↔ producer(생산자)
• consume(소비하다) ↔ produce(생산하다)
• conceal(숨기다) ↔ reveal(폭로하다)
• construct(건설하다) ↔ destroy(파괴하다)
• dismiss(해고하다) ↔ employ(고용하다)
• danger(위험) ↔ safety(안전)
• defense(방어) ↔ offense(공격)

- domestic(국내의) ↔ foreign(외국의)
- empty(빈) ↔ full(가득 찬)
- enemy(적) ↔ friend(친구)
- smooth(부드러운) ↔ rough(거친)
- subjective(주관적인) ↔ objective(객관적인)
- thick(두꺼운) ↔ thin(얇은)
- true(참된) ↔ false(거짓의)
- export(수출) ↔ import(수입)
- exterior(외부) ↔ interior(내부)
- forget(잊어버리다) ↔ remember(기억하다)
- forgive(용서하다) ↔ blame(비난하다)
- freeze(얼어붙다) ↔ melt(녹다)
- gain(얻다) ↔ loss(손실)
- increase(증가하다) ↔ decrease(줄다)
- junior(손아래의) ↔ senior(손위의)
- loose(헐거운) ↔ tight(꼭 끼는)
- maximum(최대) ↔ minimum(최소)
- mental(정신적인) ↔ physical(육체적인)
- male(남성의) ↔ female(여성의)
- material(물질적인) ↔ spiritual(정신적인)
- optimism(낙천주의) ↔ pessimism(비관주의)
- positive(긍정적인) ↔ negative(부정적인)
- push(밀다) ↔ pull(당기다)
- permanent(영구적인) ↔ temporary(일시적인)
- private(사적인) ↔ public(공적인)
- rural(시골의) ↔ urban(도시의)
- supply(공급) ↔ demand(수요)
- sharp(날카로운) ↔ dull(둔한)
- simple(단순한) ↔ complex(복잡한)
- wholesale(도매의) ↔ retail(소매의)
- shorten(짧게 하다) ↔ lengthen(길게 하다)
- succeed(성공하다) ↔ fail(실패하다)
- teach(가르치다) ↔ learn(배우다)

정답 ②

[01~07] 다음에 제시된 단어와 반대의 뜻을 가진 단어를 고르시오.

총 문항 수 : 7문항 | 총 문제풀이 시간 : 35초 | 문항당 문제풀이 시간 : 5초

01 wet

① exit ② foreign
③ dry ④ near

정답해설
• wet : 젖은, 비가 오는, 궂은
③ dry : 마른, 건조한, 가문
① exit : 출구
② foreign : 외국의, 대외의
④ near : 가까운, 근처의

02 correct

① damage ② rich
③ wrong ④ silent

정답해설
• correct : 정확한, 맞는
③ wrong : 틀린, 잘못된
① damage : 손상, 손해
② rich : 부유한, 돈 많은
④ silent : 말을 안 하는, 조용한, 침묵하는

03 liquid

① solid ② weak
③ prohibit ④ proof

• liquid : 액체, 액상의
① solid : 고체
② weak : 약한, 힘이 없는
③ prohibit : 금하다, 금지하다
④ proof : 증거, 증명, 입증

04 waste

① duty ② lack
③ shortage ④ save

• waste : 낭비하다
④ save : 구하다, 모으다, 저축하다
① duty : 의무, 직무, 임무
② lack : 부족, 결핍
③ shortage : 부족

05 bitter

① sweet ② salty
③ spicy ④ oily

정답 01 ③ | 02 ③ | 03 ① | 04 ④ | 05 ①

• bitter : 맛이 쓰다

① sweet : 달콤한, 단

② salty : 짜다

③ spicy : 맵다

④ oily : 느끼하다

06 doubtful

① obvious ② relative

③ describe ④ precious

• doubtful : 의심스러운

① obvious : 분명한, 명백한

② relative : 비교상의, 상대적인

③ describe : 서술하다, 묘사하다

④ precious : 귀중한, 값비싼

07 guilty

① tiny ② curious

③ innocent ④ weak

• guilty : 유죄의

③ innocent : 무죄인, 결백한

① tiny : 아주 작은

② curious : 궁금한, 호기심이 많은

④ weak : 힘이 없는, 약한

[08~09] 다음 중 제시된 것과 비슷한 의미의 단어를 고르시오.

총 문항 수 : 2문항 | 총 문제풀이 시간 : 10초 | 문항당 문제풀이 시간 : 5초

08 be willing to

① gladly ② finally
③ abandon ④ besides

• be willing to : 흔쾌히 ~하다
① gladly : 기꺼이, 기쁘게
② finally : 마침내(= after all)
③ abandon : 포기하다(= give up), 버리다
④ besides : 게다가, 뿐만 아니라(= in addition to)

09 all at once

① remove ② suddenly
③ cancel ④ explain

• all at once : 갑자기(= suddenly), 모두 함께
① remove : 제거하다(= get rid of)
③ cancel : 중지하다(= call off)
④ explain : 설명하다(= account for)

소요시간		채점결과	
목표시간	45초	총 문항수	9문항
실제 소요시간	( )분 ( )초	맞은 문항 수	( )문항
초과시간	( )분 ( )초	틀린 문항 수	( )문항

1DAY 2DAY 3DAY

정답 06 ① | 07 ③ | 08 ① | 09 ②

기출유형분석

문제풀이 시간 : 6초

▶ 다음 중 나머지 셋과 다른 것을 고르시오.

① potato ② garlic
③ dolphin ④ carrot

정답 해설 potato(감자), garlic(마늘), carrot(당근)은 모두 채소에 속한다.

오답 해설 ③ dolphin : 돌고래

정답 ③

[01~03] 다음 중 나머지 셋과 다른 것을 고르시오.

총 문항 수 : 3문항 | 총 문제풀이 시간 : 15초 | 문항당 문제풀이 시간 : 5초

01

① zebra ② fish
③ fox ④ giraffe

zebra(얼룩말), fox(여우), giraffe(기린)은 모두 동물에 속한다.
② fish : 물고기

02

① yellow ② music
③ history ④ math

music(음악), history(역사), math(수학)은 모두 과목에 속한다.
① yellow : 노란색

03

① grape ② pear
③ mandarin ④ rice

grape(포도), pear(배), mandarin(귤)은 모두 과일에 속한다.
④ rice : 쌀

[04~05] 다음 중 나머지 단어를 포함하는 단어를 고르시오.

총 문항 수 : 2문항 | 총 문제풀이 시간 : 10초 | 문항당 문제풀이 시간 : 5초

04

① indigo ② color
③ violet ④ red

정답 해설 indigo(남색), violet(보라색), red(빨간색)은 모두 color(색깔)에 속한다.

정답 01 ② | 02 ① | 03 ④ | 04 ②

05

① windy　　② sunny

③ weather　　④ cool

정답해설 sunny(화창한), wind(바람 부는), cool(선선한, 추운)은 모두 weather(날씨)에 속한다.

소요시간		채점결과	
목표시간	25초	총 문항수	5문항
실제 소요시간	( )분 ( )초	맞은 문항 수	( )문항
초과시간	( )분 ( )초	틀린 문항 수	( )문항

기출유형분석

⏰ 문제풀이 시간 : 6초

▶ 다음 중 짝지어진 두 단어의 관계가 다른 것을 고르시오.

① depart – departure ② invent – invention
③ pleasant – pleasure ④ fly – flight

정답해설 ③ pleasant – pleasure : 기쁜 – 기쁨
형용사 – 명사관계이다.

오답해설 ① depart – departure : 출발하다 – 출발
② invent – invention : 발명하다 – 발명
④ fly – flight : 날다 – 비행
모두 동사 – 명사관계이다.

정답 ③

[06~10] 다음 중 짝지어진 두 단어의 관계가 다른 것을 고르시오.

총 문항 수 : 5문항 | 총 문제풀이 시간 : 30초 | 문항당 문제풀이 시간 : 6초

06

① cry – cried ② plan – planned
③ meet – met ④ know – known

정답해설 ①, ②, ③은 현재 – 과거형관계이고, ④는 현재 – 과거분사관계이다.
① 울다 – 울었다
② 계획하다 – 계획했다
③ 만나다 – 만났다
④ 알다 – 알려진

07

① expense – income ② diligent – lazy

③ kind – polite ④ purchase – sell

①, ②, ④는 반의어관계이고, ③은 유의어관계이다.
① 지출 – 수입
② 성실한 – 게으른
③ 친절한
④ 사다 – 팔다

08

① ankle – hand ② meat – pork

③ drink – juice ④ machine – computer

②, ③, ④는 포함관계이고, ①은 포함관계가 아니다.
① 발목 – 손
② 고기 – 돼지고기
③ 음료 – 주스
④ 기계 – 컴퓨터

09

① drive – driver ② wide – wider

③ rule – ruler ④ sweep – sweeper

①, ③, ④는 동사 – 명사관계로 직업, 신분을 나타내고, ②는 비교급관계이다.
① 운전하다 – 운전사
② 넓은 – 더 넓은
③ 통치하다 – 통치자
④ 청소하다 – 청소부

10

① clear – definite
② absolute – relative
③ particular – special
④ complete – accomplish

①, ③, ④는 유의어관계이고, ②는 반의어관계이다.
① 분명한
② 절대적인 – 상대적인
③ 특별한
④ 완성하다

소요시간		채점결과	
목표시간	30초	총 문항수	5문항
실제 소요시간	( )분 ( )초	맞은 문항 수	( )문항
초과시간	( )분 ( )초	틀린 문항 수	( )문항

정답 07 ③ | 08 ① | 09 ② | 10 ②

기출유형분석

문제풀이 시간 : 7초

▶ 다음 중 빈칸에 들어갈 말로 알맞은 것을 고르시오.

If he ________ time, he would have finished the report.

① has had ② will have
③ had had ④ had not been

정답 해설 과거사실의 반대되는 가정을 나타내는 가정법 과거완료로 빈칸은 'had + 과거분사'인 ③이 가장 적절하다.
만약 그가 시간이 있었더라면, 그는 그 보고서를 끝냈을 것이다.

핵심 정리 **가정법 과거완료 구조**
If + 주어 + had + 과거분사 + ~, 주어 + 조동사 과거형(would, could 등) + have + 과거분사 + ~.

정답 ③

[01~04] 다음 중 빈칸에 들어갈 말로 알맞은 것을 고르시오.

총 문항 수 : 4문항 | 총 문제풀이 시간 : 28초 | 문항당 문제풀이 시간 : 7초

01 I like coffee. He likes coffee, ______.

① either ② too
③ do ④ does

정답 해설 too : 또한, 역시
나는 커피를 좋아한다. 그 또한 커피를 좋아한다.

02 Why do you want ______ a teacher?

① to be ② be

③ for be ④ being

정답해설 want는 to부정사를 목적어로 갖는 동사이므로 빈칸은 ①이 가장 적절하다.
왜 당신은 교사가 되기를 원합니까?

03 If you study hard, you will ______ the test.

① stop ② write

③ leave ④ pass

정답해설 pass : 통과하다
당신이 열심히 공부한다면, 그 시험에 통과할 것이다.
① 멈추다 ② 쓰다 ③ 떠나다

04 The train ______ when they got to the station.

① left ② had left

③ have left ④ leave

정답해설 when 뒤의 시제가 과거이므로 빈칸은 과거보다 더 이전이므로 과거완료시제인 ②가 가장 적절하다.
그들이 역에 도착했을 때 기차는 이미 떠나버렸다.

정답 01 ② | 02 ① | 03 ④ | 04 ②

[05~07] 다음 중 밑줄 친 단어와 바꾸어 쓸 수 있는 것을 고르시오.

총 문항 수 : 3문항 | 총 문제풀이 시간 : 21초 | 문항당 문제풀이 시간 : 7초

05 The cause of business failure is lack of capital.

① legible ② scarcity
③ obligatory ④ native

scarcity : 부족, 결핍
사업 실패의 원인은 자본의 부족이다.
① 읽기 쉬운 ③ 의무적인 ④ 타고난

06 Don't expose your body to the sun too much.

① fasten ② gather
③ impress ④ reveal

reveal : 드러내다, 폭로하다, 노출시키다
햇볕에 몸을 너무 많이 노출시키지 마라.
① 묶다 ② 모으다 ③ 감동시키다

07 Exercises help free the body of <u>tension</u>.

① sufficient ② strain

③ obvious ④ indifferent

정답 해설 strain : 긴장, 피로, 피곤
운동은 몸의 긴장을 풀어 준다.
① 충분한 ③ 명백한 ④ 무관심한

소요시간		채점결과	
목표시간	50초	총 문항수	7문항
실제 소요시간	( )분 ( )초	맞은 문항 수	( )문항
초과시간	( )분 ( )초	틀린 문항 수	( )문항

정답 05 ② | 06 ④ | 07 ②

2. 회화

기출유형분석 | 문제풀이 시간 : 5초

▶ 다음 질문의 대답으로 알맞은 것을 고르시오.

What are you going to do during this weekend?

① I'm full.

② Go on a picnic.

③ Help yourself.

④ Good for you.

정답 해설 주말 동안 무엇을 할 예정인지 묻고 있으므로 ② '피크닉 간다'가 가장 적절한 대답이다.

① 배불러요.

③ 많이 드세요.

④ 잘됐구나.

정답 ②

[01~05] 다음 질문의 대답으로 알맞은 것을 고르시오.

총 문항 수 : 5문항 | 총 문제풀이 시간 : 40초 | 문항당 문제풀이 시간 : 8초

01 What's the purpose of your visit?

① I'm here on vacation.

② Of course I like it.

③ Yes, it's safe.

④ Good idea. I think I will.

정답 해설 방문목적에 대한 질문에 ① '휴가 왔다'가 가장 적절한 대답이다.
② 물로, 저도 좋아해요.
③ 네, 안전합니다.
④ 좋은 생각이에요. 저는 그럴 생각입니다.
당신의 방문목적은 무엇인가요?
저는 휴가 왔습니다.

02 Long time no see. Where have you been?

① Nice to meet you too.

② I went there on business.

③ I have been Spain.

④ I'm afraid I can't.

정답 해설 어디를 다녀왔냐는 질문에 ③ '스페인에 있었다'가 가장 적절한 대답이다.
① 저도 반가워요.
② 사업 차 거기에 갔었어요.
④ 아무래도 못갈 것 같아요.
오랜만이에요. 지금까지 어디 있었어요?
스페인에 있었어요.

03 Do you mind if I open the window?

① I don't know what to do.

② That's right.

③ It's terrible.

④ No, I don't.

정답 01 ① | 02 ③ | 03 ④

mind(꺼리다, 싫어하다)를 이용한 질문에 대답할 때는 Yes가 부정의 의미, No가 긍정의 의미이므로 ④ '네, 그러세요'가 가장 적절한 대답이다.

① 어떻게 해야 할지 모르겠네요.

② 맞아요.

③ 정말 끔찍해.

제가 창문을 열어도 될까요?

네, 그러세요.

04 How long do you want to stay?

① Once a week.

② For five nights.

③ In the Hotel.

④ In the Guest House.

How log(얼마나 오래)를 이용한 질문이므로 ② '5박이다'가 가장 적절한 대답이다.

① 일주일에 한 번이요.

③ 호텔에서 묵었습니다.

④ 게스트하우스에서 묵었습니다.

얼마나 오래 머물고 싶으세요?

5박이요.

05 How many people were moment at the meeting?

① About thirty persons.

② I don't need it.

③ Here it is.

④ In the conference room.

How many(얼마나 많은)를 이용한 질문이므로 ① '대략 30명쯤 입니다'가 가장 적절한 대답이다.
② 저는 필요하지 않아요.
③ 여기 있어요.
④ 회의실에서 열립니다.
얼마나 많은 사람들이 회의에 참석했습니까?
대략 30명쯤 참석했습니다.

[06~09] 다음 밑줄 친 부분에 들어갈 가장 알맞은 것을 고르시오.

총 문항 수 : 4문항 | 총 문제풀이 시간 : 40초 | 문항당 문제풀이 시간 : 10초

06

A : This is a small gift for you.
B : Oh! ___________ Can I open it?

① I hope so.
② It's no big deal.
③ How nice of you!
④ Sure, you can.

A : 이건 내가 너에게 주는 작은 선물이야.
B : 오! ③ 너 참 친절하구나! 열어 봐도 돼?
① 나도 그러기를 바란다.
② 별 것 아니야.
④ 물론, 넌 할 수 있어.

07

A : Could you tell me where the bus station is?

B : ________________

① It sounds like fun.

② Sure, It's right over there.

③ You shouldn't have done that.

④ I'm sure that you will finish first.

A : 버스 정류장이 어디에 있는지 말해주실 수 있나요?

B : ② 당연하죠. 바로 저기 있습니다.

① 재미있게 들리는 걸.

③ 너는 그러지 말았어야 한다.

④ 내가 장담하는데 네가 먼저 끝낼 거야.

08

A : I'm going to go to a party tonight. How about joining me?

B : ____________ I have a lot of homework to do.

① The same to you.

② I'm afraid I can't.

③ You did a good job.

④ I couldn't agree more.

 함께 파티에 가자는 A의 제안에 숙제가 너무 많다고 하는 대답으로 미루어 보아 빈칸에는 거절할 때의 표현인 I'm afraid I can't로 답하는 것이 적절하다.

A : 나 오늘 밤에 파티에 갈 거야. 나랑 가는 것이 어때?

B : ② 아쉽지만 안 될 것 같아. 나는 숙제를 해야 하거든.

① 당신도요.

③ 잘했어요.

④ 난 전적으로 동의해.

09

A : Guess what? I'm going to get a new laptop PC.

B : Good for you. I thought yours was too ______.

① great ② big

③ fantastic ④ beautiful

 예전에 사용하던 컴퓨터를 교체할 만한 부정적인 의미로 해석될 단어가 적절하므로 ②의 big이 정답이다.

A : 있잖아. 나 새로운 노트북 PC를 사려고 해.

B : 잘됐네. 너의 것은 너무 컸다고 생각해.

• guess what : (대화를 시작할 때) 이봐, 있잖아, 맞혀 봐

• laptop : 휴대용 컴퓨터, 노트북

③ fantastic : 기막히게 좋은, 환상적인

정답 07 ② | 08 ② | 09 ②

10 다음 대화에서 알 수 있는 두 사람의 관계로 알맞은 것은?

A : May I take your order, please?

B : Yes, I'd like pasta with tomato sauce.

① 의사 – 환자
② 사장 – 직원
③ 은행원 – 고객
④ 식당 종업원 – 손님

정답해설 상점에서 주문을 받을 때 상황이므로 식당 종업원과 손님과의 대화임을 알 수 있다.

A : 주문하시겠어요?

B : 네, 토마토소스 파스타 주세요.

11 다음 대화가 이루어지는 장소는?

A : May I help you?

B : Yes, I'm looking for a shirt.

A : Are you looking for a particular design?

B : I like the normal design.

① At a bank
② At a clothing store
③ At a shoes store
④ At a grocery store

B가 셔츠를 찾고 있고, A가 이를 도와주는 상황이므로 ② '옷가게에서' 이루어지는 대화임을 알 수 있다.

① 은행에서

③ 신발가게에서

④ 식료품점에서

A : 무엇을 도와드릴까요?
B : 네, 셔츠를 찾고 있는데요.
A : 특별한 디자인을 찾으시나요?
B : 전 평범한 디자인이 좋아요.

12 밑줄 친 문장의 의도로 알맞은 것은?

A : You did a good job! I like your speech.
B : Thanks a lot.

① 칭찬하기 ② 소개하기
③ 상담하기 ④ 조롱하기

밑줄 친 문장을 그대로 해석하면, '너 좋은 일 했구나.'라는 의미이므로 이는 칭찬하는 표현이다.
A : 잘했어요! 저는 당신의 연설이 좋아요.
B : 감사합니다.

13 대화에서 알 수 있는 A의 심경으로 적절한 것은?

A : Finally, I've passed the test for a driver's license. I'm so happy!
B : Congratulations!

① indignant ② glad
③ envious ④ worried

정답해설 A의 마지막 문장에서 알 수 있는 심경은 ② '기쁜'이 가장 적절하다.
① 화가난
③ 질투하는
④ 걱정하는
A : 마침내 운전면허시험에 합격했어. 너무 기쁘다!
B : 축하해!

14 밑줄 친 말의 의도로 알맞은 것은?

A : <u>Will you do me favor?</u>
B : Sure. What can I do for you?

① 부탁하기 ② 칭찬하기
③ 사과하기 ④ 불평하기

정답해설 밑줄 친 문장은 부탁을 요청하는 표현으로 이와 유사한 의미의 문장은 'May I ask a favor of you?'가 있다.
A : <u>내 부탁 좀 들어주겠니?</u>
B : 물론이지. 내가 뭐 해줄까?

15 다음 대화에서 알 수 있는 A의 직업은?

A : May I help you, sir?
B : Well, I'd like to send this letter to China by airmail.
A : Let me see. It comes to five dollars.

① 항공사 직원 ② 병원 직원
③ 우체국 직원 ④ 세탁소 직원

정답 해설 B가 중국으로 항공 우편을 보내려고 A에게 문의하는 내용이므로 A는 우체국 직원임을 알 수 있다.
A : 손님, 무엇을 도와드릴까요?
B : 항공 우편으로 중국에 이 편지를 보내고 싶어요.
A : 잠시만요. 5달러입니다.

소요시간		채점결과	
목표시간	5분	총 문항수	15문항
실제 소요시간	( )분 ( )초	맞은 문항 수	( )문항
초과시간	( )분 ( )초	틀린 문항 수	( )문항

3. 독해

기출유형분석

문제풀이 시간 : 20초

▶ 다음 문장들을 순서대로 재배열한 것으로 알맞은 것을 고르시오.

(A) May I speak to Jenny?

(B) Oh, when will she be back?

(C) Sorry, she's out.

(D) I'm not sure. Can I take a message?

① (A) – (B) – (C) – (D) ② (A) – (C) – (B) – (D)

③ (B) – (C) – (A) – (D) ④ (B) – (D) – (C) – (A)

문장을 내용의 흐름상 알맞게 재배열하면 다음과 같다.

(A) 여보세요? 제가 Jenny랑 통화할 수 있을까요?

(C) 죄송하지만, 그녀는 밖에 나갔습니다.

(B) 아, 언제 그녀가 돌아올까요?

(D) 확실하지 않습니다. 메모를 남겨 드릴까요?

정답 ②

[01~02] 다음 문장들을 순서대로 재배열한 것으로 알맞은 것을 고르시오.

총 문항 수 : 2문항 | 총 문제풀이 시간 : 40초 | 문항당 문제풀이 시간 : 20초

01

(A) What? I didn't think it'd cost that much.

(B) I like that painting. How much is it?

(C) You have a good eye! It is $200.

① (A) – (B) – (C)　② (A) – (C) – (B)

③ (B) – (C) – (A)　④ (B) – (A) – (C)

(B) 저 그림이 좋아요. 얼마죠?
(C) 보는 안목이 있으시네요. 그것은 200달러입니다.
(A) 네? 그렇게 값이 나갈 줄은 몰랐어요.

02

(A) Can you give me a ride to the library?

(B) Sure. What is it, Sophia?

(C) No problem. I'd love to.

(D) Charlie, will you do me a favor?

① (A) – (B) – (C) – (D)　② (A) – (C) – (B) – (D)

③ (D) – (C) – (A) – (B)　④ (D) – (B) – (A) – (C)

정답 01 ③ | 02 ④

정답 해설 (D) Charlie, 내 부탁 좀 들어줄래?
(B) 물론이지. 뭔데 그래, Sophia?
(A) 혹시 도서관까지 태워 줄 수 있니?
(C) 문제없지. 기꺼이.

03 다음 글에서 'It'이 가리키는 것은?

It is like a photo of our times and a time capsule of our history. If you want to keep up with the world around you, read it. Most It's stories deal with straight facts.

① magazine　② letter
③ newspaper　④ novel

정답 해설 우리 시대의 사진, 우리 역사의 타임캡슐과 같으며, 주변의 세계를 알 수 있고, 틀림없는 사실들로 이루어진 것은 newspaper(신문)이다.
③ 신문 ① 잡지 ② 편지 ④ 소설
그것은 우리 시대의 사진과 같고 우리 역사의 타임캡슐과 같다. 만약에 당신 주변의 세계를 알고 싶다면 그것을 읽어라. 대부분 그것의 기사들은 틀림없는 사실들을 다룬다.
• keep up with : (뉴스나 유행 등에 대해) 알게 되다
• deal with : (주제 또는 소재로) ~을 다루다

04 밑줄 친 부분이 가리키는 대상이 나머지 셋과 다른 것은?

Jake's own flying dream began at a village festival. He was four years old. His uncle, a *tall silent pilot, had bought ① <u>him</u> a red party balloon from a charity stall, and tied it to the top button of Jake's shirt. The balloon seemed to have a mind of its own. It was filled with helium, a gas four times lighter than air, though Jake did not understand this at the time. It pulled mysteriously at ② <u>his</u> button. "Maybe you will fly," Jake's uncle remarked. He led ③ <u>his</u> nephew up a grassy bank so they could look over the whole festival. Below Jake stretched the little tents and the stalls. Above ④ <u>him</u> **bobbed the big red balloon, shiny and beautiful. It kept pulling him towards the sky, and he began to feel unsteady on his feet. Then his uncle let go of his hand, and Jake's dream began.

*tall 가판대 **bob 까닥까닥 움직이다

③은 Jake의 삼촌을 가리키고 나머지는 Jake를 가리킨다.

Jake의 비행하는 꿈은 어떤 마을 축제에서 시작됐다. 그는 4살이었다. 그의 삼촌은, 키가 크고 과묵한 비행기 조종사였는데, 자선 가판대에서 빨간 파티용 풍선을 그에게 사 주고, 그것을 Jake의 셔츠 맨 위 단추에 묶어 주었었다. 풍선은 그것만의 생각을 가진 것처럼 보였다. 공기보다 네 배 가벼운 가스인 헬륨으로 채워져 있다는 것을 Jake는 그 당시 이해하지 못했다. 그것은 그의 단추를 신비스럽게 잡아당겼다. "아마 너는 날게 될 거야." Jake의 삼촌이 말했다. 그는 축제 전체를 살펴 볼 수 있도록 그(삼촌)의 조카를 풀이 무성한 강둑으로 데리고 갔다. Jake 아래로 작은 텐트들과 가판대들이 펼쳐져 있었다. 그의 머리 위로 반짝이고 아름다운 큰 빨간 풍선이 까닥까닥 움직였다. 그것은 계속 하늘 쪽으로 그를 잡아당겼고, 그는 자기 발이 불안정하다고 느끼기 시작했다. 그때 그의 삼촌은 그의 손을 놓았고, Jake의 꿈이 시작되었다.

05 다음 글에서 전체 흐름과 관계 없는 문장은?

When you are creating your presentation, always ask yourself how technical you really need to be. ① A presentation is not going to be as effective or efficient as a written report in conveying technical facts. ② So if you want to convey raw data or lots of detailed information, consider pushing that material out of your presentation and into a handout or a document you can email out to your audience. ③ Use your presentation to draw out the key conclusions or take-home messages, and invite the audience to find the extra detail elsewhere. ④ If you want your audience to hear what you say, take it in and respond in the way you want them to, make them feel that you care about them and their needs.

발표 시 청중에게 전문적인 세부 정보를 제공하는 방법에 대한 내용이므로, 청중의 반응을 얻기 위한 방법에 관한 ④는 글의 흐름과 무관하다.

발표 자료를 만들 때, 얼마나 전문적일 필요가 있을지 항상 스스로에게 물어보자. ① 전문적인 사실을 전달할 때 발표는 서면 보고서만큼 효과적이거나 효율적이지 않을 것이다. ② 그래도 만약 가공 전 데이터나 많은 세세한 정보를 전달하고 싶으면 그 자료는 발표에서 빼고, 배포용 인쇄물이나 청중에게 이메일로 보낼 수 있는 문서에 넣는 것을 고려해 본다. ③ 중요한 결론이나 주요한 메시지를 끌어내기 위해 프레젠테이션을 이용하고, 청중에게 추가적인 세부 내용은 다른 곳에서 찾도록 권하자. ④ 청중이 당신이 하는 말을 듣고 그 말을 받아들이고 그들에게 원하는 방식대로 반응하기를 원하면, 당신이 그들과 그들의 요구에 마음을 쓴다는 것을 그들이 느끼게 해야 한다.

06 다음 글의 상황에 나타난 분위기로 가장 적절한 것은?

On my first day in 1 the Emergency Center, I was about to drink my coffee when the first call came. I quickly picked up the line, "It's 119." My voice was trembling and my heart was racing. A woman cried, "My husband's not breathing!" I instructed her to begin CPR. I was trying to be as steady as I could, but I was shaking. The situation was absolutely critical. While she was performing CPR, I immediately notified the nearby hospital. After a few tense moments, she came back on the line and shouted, "Where's the ambulance?" I replied, "It's getting there as quickly as it can."

① festive ② urgent

③ romantic ④ mysterious

정답 해설 필자가 응급 센터에서 근무하는 첫날 한 여자가 전화를 걸어 그녀의 남편이 숨을 쉬고 있지 않다고 말하자 필자가 떨면서 이에 대응하는 상황이다. 그러므로 글의 상황에 나타난 분위기로 가장 적절한 것은 ② '긴급한'이다.

① 축제의 ③ 낭만적인 ④ 신비한

응급 센터에서의 첫날 내가 막 커피를 마시려고 하는데 첫 번째 전화가 왔다. 나는 재빨리 전화를 집어 들며 "119입니다."라고 말했다. 내 목소리는 떨리고 있었고 내 심장은 아주 빨리 고동치고 있었다. "제 남편이 숨을 쉬고 있지 않아요!"라고 한 여자가 큰 소리로 외쳤다. 나는 그녀에게 심폐소생술을 시작하라고 지시했다. 가능한 한 침착해지려 애를 쓰고 있었지만, 나는 떨고 있었다. 상황은 절대적으로 위급했다. 그 여자가 심폐소생술을 실시하고 있는 동안 나는 즉시 가까운 병원에 알렸다. 긴장된 순간들이 지난 후 그 여자가 다시 전화로 돌아와서 "구급차는 어디에 있나요?"라고 외쳤다. "구급차는 가능한 한 빨리 그곳으로 가고 있습니다."라고 나는 대답했다.

정답 05 ④ | 06 ②

07 Paul Klee에 관한 다음 글의 내용과 일치하지 않는 것은?

Paul Klee was born in Bern, Switzerland, on December 18, 1879. His father was a music teacher and his mother was a singer and an amateur painter. As a child, Paul drew constantly. His favorite subject was cats. Then at the age of seven, he learned to play the violin, which he continued throughout his adult life. In fact, he even played with the Berlin Municipal Orchestra for a while. Although music was important to Paul, he became an artist. In 1898, he began his art career by studying at the Munich Academy. After, from January 1921 to April 1931, he taught painting at the Bauhaus. Paul also kept a notebook of his artistic insights and ideas and published a number of books about art. By his death in 1940, he had created an impressive amount of work: over ten thousand drawings and nearly five thousand paintings during his lifetime.

① 어머니가 가수이자 아마추어 화가였다.
② 어렸을 때 고양이를 그리는 것을 좋아했다.
③ Berlin Municipal Orchestra와 함께 연주한 적이 있다.
④ 1898년에 Munich Academy에서 회화를 가르쳤다.

정답 해설 Paul Klee는 1898년 Munich Academy에서 공부하며 자신의 화가 경력을 시작했고, 1921년 1월부터 1931년 4월까지 Bauhaus에서 회화를 가르쳤으므로, Paul Klee가 회화를 가르친 곳은 Munich Academy가 아니라 Bauhaus이다. 따라서 ④가 글의 내용과 일치하지 않는다.

Paul Klee는 1879년 12월 18일에 스위스의 Bern에서 태어났다. 그의 아버지는 음악 선생님이었고 그의 어머니는 가수이자 아마추어 화가였다. 어렸을 때 Paul은 끊임없이 그림을 그렸다. 그가 가장 좋아하는 (그림의) 대상은 고양이였다. 그후 7세 때 그는 바이올린 연주법을 배웠고, 어른이 되어서도 그것을 계속했다. 사실 그는 한동안 Berlin Municipal Orchestra와 함께 연주하기까지 했었다. 비록 음악이 Paul에게 중요하긴 했지만, 그는 화가가 되었다. 1898년, 그는 Munich Academy에서 공부하며 자신의 화가 경력을 시작했다. 후에, 그는 1921년 1월부터 1931년 4월까지 Bauhaus에서 회화를 가르쳤다. Paul은 또한 자신의 예술적 통찰과 아이디어에 관한 기록을 계속했고 미술에 관한 많은 책을 출판했다. 1940년에 사망에 이르기까지, 그는 일생 동안 만 점이 넘는 소묘와 오천 점에 가까운 회화 등 엄청난 양의 작품을 만들어 냈다.

08 다음 글의 목적으로 가장 적절한 것은?

Dear Sir

Our records show that you have not complied with the legal obligation to file your report for the Survey of Specialized Agriculture. I must remind you that this report is required by law (Title 13, United States Code). We mailed you our first request for cooperation (with form enclosed) early in January. A second copy of the form was sent to you with my letter dated March 14. Please complete one of these forms and mail it to us right away. If you fail to do so, we will not be able to complete the survey *tabulations on schedule. Thank you for your cooperation.

Sincerely,

J. Thomas Breen

*tabulation 도표 (작성)

① 조사 결과를 통지하려고

② 보고서 제출을 독촉하려고

③ 서류의 재작성을 요청하려고

④ 서류 양식 작성법을 안내하려고

정답 해설 법적 의무에 따라 제출해야 하는 보고서를 아직 제출하지 않았음을 상기시키면서 이미 보내준 보고서 양식을 작성하여 당장 우송해 줄 것을 요청하는 내용이므로, 글의 목적으로 가장 적절한 것은 ②이다.
선생님께, 저희 기록에 따르면 귀하께서는 '농업 특성화에 관한 조사'에 대한 보고서를 제출해야 하는 법적 의무를 따르지 않으셨습니다. 이 보고서는 법(미국 연방 법전 13편)에 의해 요구되는 것임을 귀하에게 상기시켜 드립니다. 저희는 일찍이 1월에 첫 번째 협조 요청을 (양식을 동봉하여) 귀하에게 우송했습니다. 그 양식의 두 번째 사본은 3월 14일자 제 편지와 함께 귀하에게 보내드렸습니다. 이 양식들 중 하나를 작성하셔서 즉시 저희에게 우송해 주시기 바랍니다. 귀하가 그렇게 해 주시지 않으면 저희는 예정대로 조사 도표 작성을 완료할 수 없습니다. 귀하의 협조에 감사드립니다. J. Thomas Breen 올림

09 다음 글의 요지로 가장 적절한 것은?

A major psychological challenge for scheduling is to make use of proper skepticism, without deflating the passion and motivation of the team. Unlike the creation of a vision document, where spirit and optimism about the future must reign, a schedule has to come from the opposite perspective. The numbers that are written down to estimate how long things should take require a brutal and honest respect for Murphy's Law ("What can go wrong will go wrong"). Schedules should not reflect what might happen or could happen under optimal conditions. Instead, a good schedule declares what will happen — despite several important things not going as expected. It's important to have the test / QA team involved in scheduling because they lend a naturally skeptical and critical eye to engineering work.

① 업무 계획 수립 시 팀별로 균등하게 업무를 배분해야 한다.
② 일정에 맞춰 작업하려면 팀 간의 원활한 협조가 있어야한다.
③ 업무 진행에 차질을 가져올 수 있는 요인을 우선 처리해야한다.
④ 일이 매끄럽게 진행되지 않을 경우를 감안하여 팀의 일정을 관리해야 한다.

정답해설 일정을 관리할 때는 최적의 조건에서 일이 진행될 것이라고 보지 말고 일이 잘못될 수 있다는 회의적 태도를 가지고 접근해야 한다는 내용이므로, 글의 요지로는 ④가 가장 적절하다.

일정 관리에 대한 주요한 심리적 과제는 팀의 열정과 동기를 위축시키지 않고 적절한 회의적 태도를 이용하는 것이다. 미래에 대한 활기와 낙관주의가 지배적이어야 하는 미래상 예측 문서를 만드는 것과는 달리, 일정은 그와 정반대의 관점에서 나와야 한다. 일이 얼마나 긴 시간이 걸릴 것인지 추정하기 위해 기입되는 숫자에는 머피의 법칙("잘못될 수 있는 것은 잘못되게 마련이다")에 대한 가차 없고 솔직한 존중이 필요하다. 일정은 최적의 조건에서 일어날지도 모른다거나 일어날 수 있는 것을 반영해서는 안 된다. 그 대신 좋은 일정은 몇 가지 중요한 것이 기대대로 진행되지 않음에도 불구하고 무엇이 일어날 것인지 분명히 언급한다. 일정 관리에 검사 및 품질 보증 팀이 참여하도록 하는 것이 중요한데, 그들이 작업을 설계하는데 대해 생각했던 대로 회의적이고 비판적인 시선을 던지기 때문이다.

10 다음 글에서 필자가 주장하는 바로 가장 적절한 것은?

Think back to when you were a kid. How did you play? How did using your imagination make you feel? Being imaginative gives us feelings of happiness and adds excitement to our lives. It's time to get back to those emotions. If you can return to the joyful feelings that you had through play, you will find that you feel happier about yourself. You can use your imagination to write books or invent something. There is no end to how creative you can be when you move into your imagination. It will also keep you focused on completing the tasks at hand because imagination makes everyday tasks more interesting.

① 어린 시절처럼 생활 속에서 상상력을 발휘하라.
② 다양한 취미 활동을 통해 경험의 폭을 넓혀라.
③ 생활 속에서 즐거움을 찾는 방법을 이웃과 나누라.
④ 아이들의 눈높이에 맞추어 아이들의 행동을 이해하라.

정답해설 우리가 현재 무엇을 하든지, 어린 시절에 가졌던 상상력을 이용하면 창의적으로 일들을 할 수 있고 과업을 완수하는 데 집중력을 발휘할 수 있다는 내용의 글이다. 따라서 필자가 주장하는 바로 가장 적절한 것은 ①이다.

어린 시절을 회상해 보라. 어떻게 놀았는가? 상상력을 사용 하는 것이 어떻게 느껴졌는가? 상상력이 풍부하다는 것은 우리에게 행복감을 주고 우리의 삶에 흥분을 더한다. 이제 그런 감정들로 돌아갈 때이다. 여러분이 놀이를 통해서 가졌던 기쁜 감정들로 돌아갈 수 있다면 스스로에 대해 더 행복하다고 느낀다는 것을 알게 될 것이다. 책을 쓰거나 뭔가를 발명하기 위해 상상력을 활용할 수 있다. 상상 속으로 들어갈 때 얼마나 창의적일 수 있는지는 끝이 없다. 또한, 상상력은 일상적인 과업을 더욱 흥미롭게 만들어서 당면한 과업을 완수하는 데 집중할 수 있게 해 줄 것이다.

소요시간		채점결과	
목표시간	15분	총 문항수	10문항
실제 소요시간	( )분 ( )초	맞은 문항 수	( )문항
초과시간	( )분 ( )초	틀린 문항 수	( )문항

정답 09 ④ | 10 ①